과학공화국
생물법정

2
동물

과학공화국 생물법정 2
동물편

ⓒ 정완상, 2006

초판 1쇄 발행일 | 2006년 12월 30일
초판 19쇄 발행일 | 2022년 12월 1일

지은이 | 정완상
펴낸이 | 정은영
펴낸곳 | (주)자음과모음

출판등록 | 2001년 11월 28일 제2001-000259호
주소 | 10881 경기도 파주시 회동길 325-20
전화 | 편집부 (02)324-2347, 총무부 (02)325-6047
팩스 | 편집부 (02)324-2348, 총무부 (02)2648-1311
e-mail | jamoteen@jamobook.com

ISBN 89-544-1387-9 (04470)

과학공화국 생물법정

생물법정

2
동물

정완상(국립 경상대학교 교수) 지음

㈜자음과모음

생활 속에서 배우는
기상천외한 과학수업

　생물과 법정, 이 두 가지는 전혀 어울리지 않은 소재들입니다. 그리고 여러분에게 제일 어렵게 느껴지는 말들이기도 하지요. 그럼에도 불구하고 이 책의 제목에는 분명 '생물법정'이라는 말이 들어 있습니다. 그렇다고 이 책의 내용이 아주 어려울 거라고 생각하지는 마세요.

　저는 법률과는 무관한 과학을 공부하는 사람입니다. 하지만 '법정'이라고 제목을 붙인 데에는 이유가 있습니다.

　이 책은 우리의 생활 속에서 일어나는 여러 가지 재미있는 사건을 다루고 있습니다. 그리고 과학적인 원리를 이용해 사건들을 차근차근 해결해 나간답니다. 그런데 크고 작은 사건들의 옳고 그름을 판단하기 위한 무대가 필요했습니다. 바로 그 무대로 법정이 생겨나게 되었답니다.

왜 하필 법정이냐고요? 요즘에는 〈솔로몬의 선택〉을 비롯하여 생활 속에서 일어나는 사건들을 법률을 통해 재미있게 풀어 보는 텔레비전 프로그램들이 많습니다. 그리고 그 프로그램들이 재미없다고 느껴지지도 않을 겁니다. 사건에 등장하는 인물들이 우스꽝스럽고, 사건을 해결하는 과정도 흥미진진하기 때문입니다. 〈솔로몬의 선택〉이 법률 상식을 쉽고 재미있게 얘기하듯이, 이 책은 여러분의 생물 공부를 쉽고 재미있게 해 줄 것입니다.

여러분은 이 책을 읽고 나서 자신의 달라진 모습에 놀랄 겁니다. 과학에 대한 두려움이 싹 가시고, 새로운 문제에 대해 과학적인 호기심을 보이게 될 테니까요. 물론 여러분의 과학 성적도 쑥쑥 올라가겠죠.

끝으로 과학공화국이라는 타이틀로 여러 권의 책을 쓸 수 있게 배려해 주신 (주)자음과모음의 강병철 사장님과 모든 식구들에게 감사를 드리며 힘든 작업을 마다하지 않고 함께 작업해 준 이나리, 조민경, 김미영, 윤소영, 정황희, 도시은, 손소희 양에게도 진심으로 감사를 드립니다.

진주에서

정완상

| 차례 |

이 책을 읽기 전에 생활 속에서 배우는 기상천외한 과학 수업

프롤로그 생물법정의 탄생

제1장 젖먹이 동물에 관한 사건 11

냄새와 고양이과 동물_ 사자와 청국장
표범의 먹이 습성_ 내게 나무를 돌려줘!
나무의 섬유질_ 코끼리 똥 종이
코끼리의 방어 본능_ 거울 치우지 못해!

제2장 우리 주위의 동물에 관한 사건 45

타우린 결핍_ 개의 먹이와 고양이의 먹이
관문 현상_ 개 짖는 소리
소의 무게중심_ 소와 계단 ▎소의 침 성분_ 소의 침으로 미용실을?
토끼의 정상변과 식변_ 내 똥을 돌려줘!

제3장 동물과 환경에 관한 사건 87

얼룩말의 줄무늬 효과_ 혼자가 된 얼룩말
동물과 식물의 분류 기준_ 유글레나는 동물인가 식물인가?
멧돼지와 네오포비즘_ 우산 장수와 멧돼지

제4장 **바다 속 동물에 관한 사건**   115

상어의 로렌치니 기관_ 상어와 건전지 | 갈치의 특성_ 갈치의 잠버릇
자라의 특성_ 자라가 안전하다고? | 연체동물의 특성_ 문어가 사라졌어요
해마와 육아낭_ 수놈 해마가 새끼를 낳는다고요?

제5장 **날짐승에 관한 사건**   161

앵무새의 미각_ 앵무새와 청양 고추
타조의 청각_ 헬멧 쓴 타조
포유류와 조류의 특성_ 박쥐는 새인가 아닌가?

제6장 **파충류에 관한 사건**   191

이구아나의 송과선_ 흑, 불쌍한 이구아나
뱀의 피트 기관_ 꼬리가 잘린 뱀
뱀의 야곱슨 기관_ 독사를 피하는 방법

에필로그 생물과 친해지세요

생물법정의 탄생

태양계의 세 번째 행성인 지구에 과학공화국이라고 불리는 나라가 있었다. 이 나라에는 과학을 좋아하는 사람들이 모여 살았고, 인근에는 음악을 사랑하는 사람들이 살고 있는 뮤지오 왕국과 미술을 사랑하는 사람들이 사는 아티오 왕국, 공업을 장려하는 공업공화국 등 여러 나라가 있었다.

과학공화국 사람들은 다른 나라 사람들에 비해 과학을 좋아했지만 과학의 범위가 넓어 어떤 사람들은 물리나 수학을 좋아하는 반면 또 어떤 사람들은 생물을 좋아했다.

그러나 생물의 경우 자신들이 살고 있는 행성인 지구 생물들의 신비를 벗기는 분야임에도 불구하고 과학공화국의 명성답지 않게 국민들의 수준이 그리 높지 않았다. 그래서 지리공화국의 아이들과 과학공화국의 아이들이 생물에 관한 시험을 치르면 오히려 지리공화국 아이들의 점수가 더 높을 정도였다.

특히 최근 인터넷이 공화국 전체에 퍼지면서 게임에 중독된 과학공화국 아이들의 과학 실력은 기준 이하로 떨어졌다. 그러다 보니 자연과학 과외나 학원이 성행하게 되었고 그런 와중에 아이들에게 엉터리 과학을 가르치는 무자격 교사들도 우후죽순 나타나기 시작했다.

생물에 관한 문제들은 지구의 모든 곳에서 일어날 수 있는데 과학공화국 국민들의 생물에 대한 이해가 떨어지면서 곳곳에서 분쟁이 끊이지 않았다. 그리하여 과학공화국의 박과학 대통령은 장관들과 이 문제를 논의하기 위해 회의를 열었다.

"최근의 생물 분쟁들을 어떻게 처리하면 좋겠소?"

대통령이 힘없이 말을 꺼냈다.

"헌법에 생물 부분을 추가하면 어떨까요?"

법무부 장관이 자신 있게 말했다.

"좀 약하지 않을까?"

대통령이 못마땅한 듯이 대답했다.

"그럼 생물에 의해 판결을 내리는 법정을 만들면 어떨까요?"

생물부 장관이 말했다.

"그래! 바로 그거야. 과학공화국답게 그런 법정이 있어야지. 그래, 생물법정을 만들면 되는 거야. 법정에서의 판례들을 신문에 게

재하면 사람들이 더 이상 다투지 않고 자신의 잘못을 인정할 거야."

대통령은 입을 환하게 벌리고 흡족해했다.

"그럼 국회에서 새로운 생물법을 만들어야 하지 않습니까?"

법무부 장관이 약간 불만족스러운 듯한 표정으로 말했다.

"생물은 우리와 함께 사는 모든 생물들에게 일어나는 자연현상입니다. 따라서 누가 관찰하건 같은 현상에 대해서는 같은 해석이 나오는 것이 생물입니다. 그러므로 생물법정에서는 새로운 법을 만들 필요가 없습니다. 혹시 다른 은하의 생물에 대한 재판이라면 모를까……."

생물부 장관이 법무부 장관의 말을 반박했다.

"그래, 맞아."

대통령은 생물법정의 탄생을 벌써 확정 짓는 것 같았다. 이렇게 해서 과학공화국에는 생물에 근거하여 판결을 하는 생물법정이 만들어지게 되었다.

초대 생물법정의 판사는 생물에 대한 책을 많이 쓴 생물짱 박사가 맡게 되었다. 그리고 두 명의 변호사를 선발했는데 한 사람은 생물학과를 졸업했지만 생물에 대해 깊이 알지 못하는 생치라는 이름의 40대 변호사였고, 다른 변호사는 어릴 때부터 생물 경시대회에 나가 항상 대상을 받았던 생물 천재 비오였다.

이렇게 해서 과학공화국 사람들 사이에서 벌어지는 많은 생물 관련 사건들이 생물법정 판결을 통해 깨끗하게 마무리될 수 있었다.

제1장

젖먹이 동물에 관한 사건

냄새와 고양이과 동물 _ 사자와 청국장
사자가 아무 이유 없이 웃는 게 과연 조련사의 가혹 행위 때문일까요?

표범의 먹이 습성 _ 내게 나무를 돌려줘!
나무를 모두 베어 버린다면 표범에게 어떤 일이 일어날까요?

나무의 섬유질 _ 코끼리 똥 종이
마을 사람들은 골칫거리인 코끼리 똥을 어떻게 해결했을까요?

코끼리의 방어 본능 _ 거울 치우지 못해!
코끼리는 거울에 비친 자신의 모습을 보며 어떤 반응을 보일까요?

사자와 청국장

사자가 아무 이유 없이 웃는 게
과연 조련사의 가혹 행위 때문일까요?

**사건
속으로**

　과학공화국 남부의 세랭 시에는 라이언하우스와 라이언콕이라고 불리는 두 개의 사자 동물원이 있다. 아프리카 밀림의 제왕인 사자는 그곳을 방문하는 어린이들의 사랑과 관심을 독차지하였다. 평소 두 동물원을 방문하는 관람객 수는 거의 비슷할 정도로 두 곳 모두 사람들에게 인기가 많았다.

　그런데 어느 날부터인가 손님들이 라이언콕으로 몰리기 시작했다. 라이언하우스의 사자현 사장은 이를 이상하게 여겨 긴급 대책 회의를 열었다.

"도대체 왜 라이언콕으로 사람들이 몰리는 거지? 우리 동물원에 멋진 사자가 더 많잖아?"

사장이 한숨을 쉬며 말했다.

"라이언콕의 사자는 관람객들 앞에서 실실 웃습니다. 그에 비하면 우리 동물원의 사자는 매일 잠만 자고 있어요."

사자 조련사가 말했다.

"사자가 실실 웃는다고? 그게 말이 돼? 사자가 얼마나 과묵한 동물인데……."

사장은 조련사의 말이 믿어지지 않았다.

그래서 라이언콕을 방문해 보았다. 정말 소문대로 라이언콕의 사자는 항상 실실 웃으면서 관광객을 즐겁게 해 주고 있었다. 사장은 아무래도 라이언콕이 사자에게 이상한 약을 먹이거나 가혹 행위를 하고 있다는 생각이 들어 라이언콕을 생물법정에 고소했다.

사자와 같은 고양이과 동물은 처음 맡아 보는 냄새에
침을 흘리거나 이상한 반응을 보이는데
이것을 플레멘 반응이라고 합니다.

생물짱 판사

생치 변호사

비오 변호사

🧑 재판을 시작합니다. 원고 측 변론하세요.

🧑‍🦱 사자는 백수의 왕입니다. 즉 아프리카 대초원의 제 왕이지요. 그런 사자가 관광객들 앞에서 간드러지 게 웃는다는 것은 생각할 수 없는 일입니다. 이건 뭔가 사자의 몸에 해로운 약을 주사하여 사자를 억 지로 웃게 한 것이라고밖에 생각할 수 없는 일이지 요. 이것이 사실이라면 라이언콕 사람들은 정말 나 쁜 사람들입니다.

🧑 피고 측 변론하세요.

🧑 라이언 연구소의 사자장 박사를 증인으로 요청합 니다.

60대의 콧수염을 기른 한 남자가 증인석에 앉았다. 순 간 사람들은 그를 보고 눈이 부셔 눈을 감았다. 반짝반짝 빛나는 그의 대머리 때문이었다.

🧑 사자를 웃게 할 수 있다는 게 사실입니까?

🐵 네, 사실입니다.

젖먹이 동물에 관한 사건 15

혹시 사자 전용 개그맨이라도 있나요?

사자가 사람 말을 알아들을 수 있나요? 개그맨이 아니라 음식 하나면 됩니다.

음식이오? 그게 뭐죠?

그건 바로 청국장입니다.

헉! 내가 제일 좋아하는 음식이? 하지만 청국장은 냄새가 많이 나 요즘 아이들은 절대 안 먹으려고 하는데…… 사자도 청국장 냄새 때문에 괴로워하는 거 아닌가요?

그렇지 않습니다. 사자와 같은 고양이과 동물에는 제이콥슨 기관이 있어 처음 맡아 보는 냄새에 침을 흘리거나 이상한 반응을 보입니다. 이것을 플레멘 반응이라고 하지요.

그렇다면 사자가 청국장 냄새를 처음 맡아 보기 때문에 웃을 수 있다는 건가요?

그렇다고 볼 수 있습니다. 이런 반응은 주로 수컷이 암컷의 소변 냄새를 맡을 때 일어나는데 청국장처럼 처음 맡아 보는 냄새에 대해서도 같은 반응을 보입니다.

다른 동물도 청국장을 주면 웃나요?

그렇지 않습니다. 낙타나 얼룩말, 타조, 영양과 같은 동물들은 청국장 냄새를 아주 싫어합니다. 그래서 청국장을 주면 오히려 도망가거나 불쾌해 하지요.

고맙습니다. 존경하는 재판장님. 아무리 과묵한 사람도 발가락에 간지럼을 태우면 웃지 않고는 못 배기듯이 사자도 청국장 냄새 하나면 웃을 수 있다는 것을 알았습니다. 청국장 냄새는 사자의 건강에 나쁜 영향을 끼치지 않으므로 라이언콕 측의 잘못은 없다는 것이 본 변호사의 주장입니다.

사자에 대해 정말 모르고 있던 사실 하나를 알게 되었군요. 무척 재미있습니다. 그리고 기회가 닿으면 저도 청국장을 들고 동물원에 있는 사자 우리에 가서 실험을 해 보고 싶군요. 아무튼 이번 재판은 피고 측인 라이언콕이 사자에게 아무런 나쁜 짓도 하지 않았으므로 피고 측은 잘못이 없음을 판결합니다.

내게 나무를 돌려줘!

나무를 모두 베어 버린다면
표범에게 어떤 일이 일어날까요?

**사건
속으로**

　과학공화국 남부에는 대초원이 펼쳐져 있어 수많은 야
생 동물원이 있다. 그중에서도 가장 많은 관광객이 몰리
는 곳은 세렝 동물원이었는데 이 동물원에서 가장 인기
있는 동물은 표범이었다.

　표범은 치타와 비슷하게 생겼지만 치타보다는 힘이 센
반면 달리기는 느렸다. 세렝 동물원에는 가젤, 영양, 얼
룩말과 같은 수많은 표범의 먹잇감들이 있었다.

　이 동물원에는 사자는 살고 있지 않았고 표범 한 마리

와 하이에나 열 마리 그리고 수많은 초식동물들이 살고 있었다. 그러므로 세렝 동물원에서 가장 힘이 센 동물은 표범이었다.

하지만 아무리 힘이 센 표범이라도 하이에나가 떼로 달려들면 당해 내기 어려운 법. 떼 지어 몰려다니는 하이에나를 표범 한 마리가 당해 낼 수는 없었다.

그러던 어느 날, 세렝 동물원에서는 관광객들이 동물들을 좀 더 잘 볼 수 있도록 나무들을 몽땅 베어 버렸다.

그러자 며칠 뒤 표범은 먹이를 먹지 못해 시름시름 앓다가 그만 죽고 말았다.

이 사건이 뉴스로 보도되자 표사모(표범을 사랑하는 사람들의 모임)에서는 세렝 동물원의 부주의한 관리 때문에 불쌍한 표범이 죽었다며 세렝 동물원을 생물법정에 고소했다.

표범은 사냥한 먹이를 바로 먹지 않고
연해질 때까지 나뭇가지에 걸쳐 놓았다가 먹는 습성이 있습니다.

나무가 없으면 표범이 죽을까요?
생물법정에서 알아봅시다.

생물짱 판사

생치 변호사

비오 변호사

재판을 시작합니다. 피고 측 변론하세요.

먼저 표범이 죽은 것에 대해 무척 애석하게 생각합니다. 그러나 동물원의 관리 미흡으로 표범이 죽었다니요? 분명 이것은 하이에나가 떼로 덤벼들었기 때문에 표범이 죽게 된 것입니다. 세렝 동물원 측에서는 관광객들을 배려하기 위해 나무를 없앴을뿐, 이것은 표범에게 어떠한 위협도 될 수 없습니다. 지금 세렝 동물원의 최강자인 표범이 죽은 것은 세렝 동물원 입장에서도 무척 안타까운 일이 아닐 수 없습니다. 그런데 왜 동물원 측에서 표범이 죽는데도 가만히 있겠습니까? 관리 소홀이라니요? 이건 말도 안 됩니다. 그런 손해 날 짓을 동물원에서 할 이유가 없다는 것이 바로 저, 생치 변호사의 생각입니다.

원고 측 변론하세요.

표사모 회장으로 있는 이표범 씨를 증인으로 요청합니다.

이표범 씨는 순순히 증인석에 앉았다. 비록 얼굴은 못생겼지만 눈초리가 날렵하게 올라가 있는 그의 얼굴은 사람들에게 겁을 주기에 충분했다.

🙂 표범이 동물 중에서 제일 빨리 뛰지 않나요?

😠 모르시는 말씀! 제일 빨리 달리는 것은 치타지요. 치타와 표범은 비슷하게 생겼지만 많이 달라요.

🙂 뭐가 다르죠? 그놈이 그놈 같은데…….

😠 공부 좀 하세요! 공부! 치타는 나무를 잘 못 타고 표범은 나무를 잘 타지요. 그리고 발톱도 달라요. 치타는 발톱을 감출 수 없지만 표범은 고양이처럼 발톱을 감출 수 있단 말입니다.

🙂 뭐, 하지만 결국 표범도 사냥을 잘하지 않나요? 그리고 세렝 동물원에는 표범이 좋아하는 많은 초식동물들이 있잖아요?

😠 그야, 물론 초식동물이 많으니 먹이는 많겠지요.

🙂 그런데 왜 잘 못 먹는 거죠?

😠 나무 때문입니다.

🙂 나무라니요?

😠 동물원에서 나무를 모두 베어 버렸잖아요? 그건 표범에게 죽으라는 얘기입니다.

🙂 대체 무슨 말씀이신지, 좀 더 알기 쉽게 얘기해 주시겠어요?

😠 정말, 이거 참. 공부 좀 하세요! 세렝에는 표범뿐 아니라 열 마

리의 하이에나가 살고 있습니다. 하이에나는 남이 사냥한 먹이를 잘 훔쳐 가지요. 나무 타기 귀신인 표범은 두 가지 이유 때문에 사냥한 먹이를 나무 위에 걸쳐 놓는단 말입니다.

그 이유가 대체 무엇이란 말씀이신지?

하나는 하이에나 떼로부터 자신의 먹이를 지키기 위해서죠. 하이에나는 나무를 전혀 못 타니까요. 또 하나는 표범의 식성 때문입니다.

표범의 식성 때문이라고요? 그건 처음 듣는 얘기인데?

표범은 질긴 고기를 싫어합니다. 그래서 사냥한 먹이를 바로 먹지 않고 연해질 때까지 나뭇가지에 걸쳐 놓았다가 먹는 습성이 있지요.

아하! 그러니까 나무를 베어 버리자 고기를 올려놓을 데가 없어 하이에나 떼에게 먹이를 빼앗긴 표범이 굶어 죽은 거군요.

그렇지요. 이제야 제 말을 이해하시는군요.

존경하는 재판장님, 동물들마다 습성이 다릅니다. 표범은 하이에나 떼에게 먹이를 빼앗기지 않으면서 오래 묵혀 두었다가 연해진 고기를 먹기 위해 사냥한 먹이를 나무에 걸쳐 둡니다. 그런데 무식한 세렝 동물원이 나무를 모두 베어 내 표범이 죽었으므로 동물원 측에서 책임을 져야 한다고 생각합니다.

판결합니다. 본 재판에서 표사모 측의 주장에 일리가 있다고 생각합니다. 세렝 동물원 측이 아무 생각 없이 자른 나무들 때문에 표범이 굶어 죽었으므로, 세렝 동물원 측의 관리 능력 부족을 탓할 수밖에 없겠군요. 세렝 동물원 측은 죽은 표범을 위한 제를 올리십시오. 그리고 다시 나무를 심고, 새로운 표범을 데려와야 할 것입니다. 이번 사건의 해결을 위해 세렝 동물원 측에서는 새롭게 데려온 표범을 더욱 신경 써서 관리할 것은 물론이고, 표범이 외롭지 않도록, 두 마리를 데리고 올 것을 판결하는 바입니다.

세렝 동물원에 새로운 표범 두 마리가 들어왔다. 삼순이와 삼식이라는 이름의 두 표범은 새롭게 심은 나무 사이를 뛰어다니며, 늘 세렝 동물원을 찾는 아이들에게 재미있는 볼거리와 호기심을 불러일으켜 주었다. 삼순이와 삼식이는 순식간에 동물원의 스타가 되었으며, 세렝 동물원은 그 때문에 더 많은 수입을 올릴 수 있게 되었다.

코끼리 똥 종이

마을 사람들은 골칫거리인
코끼리 똥을 어떻게 해결했을까요?

　과학공화국 서부에는 코끼리를 신성시 여기며 살아가는
엘리펀트 마을이 있었다. 이 마을 사람들은 코끼리가 동물
중에서 제일 크기 때문에 가장 위대하다고 생각했다.

　그래서 이 마을에는 코끼리들이 거리를 마음대로 활보
하고 다녔다. 그리고 차들과 사람들은 행여라도 코끼리
가 다치지 않을까 조심스럽게 거리를 돌아다녀야 했다.

　엘리펀트 마을 사람들은 코끼리가 자신들의 마을을 지
켜 준다고 생각했는데 조금씩 이들 코끼리들로 인해 심

각한 문제가 생기기 시작했다.

그것은 다름 아닌 코끼리가 배설하는 초대형 똥이었다. 수많은 코끼리들이 배설한 똥들이 거리를 가득 메워 이를 모아 두기 위해서는 점점 더 많은 공간이 필요하게 되었다.

엘리펀트 마을 사람들은 점점 쌓여 가는 코끼리 똥 때문에 자신들의 생활 공간이 줄어들게 되자 이를 해결하기 위한 비상대책회의를 열었다.

그 회의에서 엘리펀트 마을에서 종이 회사를 운영하는 사절지 씨가 코끼리 똥으로 종이를 만들어 외국에 수출하자는 제안을 했다.

그리고 얼마 후 사절지 씨는 코끼리 똥으로 만든 종이 샘플을 만드는 데 성공했다. 그리고 많은 양의 코끼리 똥 종이를 이웃 나라인 뮤즈 왕국에 수출했다.

한편 뮤즈 왕국에서는 수입한 종이가 코끼리 똥으로 만들어졌다는 사실을 우연히 알게 되었고, 이에 분노한 뮤즈 왕국은 엘리펀트 마을을 생물법정에 고소했다.

초식동물은 풀을 뜯어 먹고 살기 때문에 똥의 주성분이 섬유질입니다.
우리가 사용하는 종이 역시 나무의 섬유질을 이용한 것입니다.

코끼리 똥으로 과연 종이를 만들 수 있을까요?
생물법정에서 알아봅시다.

생물짱 판사

샌치 변호사

비오 변호사

🧑‍⚖️ 원고 측 변론하세요.

🧑 뮤즈 왕국에서는 엘리펀트 마을을 믿고 무역을 했습니다. 무역이라는 것이 서로의 믿음을 바탕으로 하는 것 아니겠습니까? 처음에 엘리펀트 마을에서 종이를 들고 왔을 때, 엄청나게 싼 가격과 좋은 종이 재질로 뮤즈 왕국은 선뜻 계약을 하게 된 것입니다. 그런데 똥으로 만든 종이라니요? 이건 엘리펀트 마을에서 뮤즈 왕국 주민을 무시하는 행위가 아니겠습니까? 코끼리의 똥으로 종이를 만든다는 것은 상상도 못할 일입니다. 종이라는 것은 늘 생활에 쓰이는 것입니다. 주위를 둘러봐도 종이가 흔한 세상인데, 지금 이렇게 비위생적인 똥으로 종이를 만들어서 판다는 것이 말이나 됩니까? 예를 들어 뮤즈 왕국이 주민들의 똥을 모아 종이를 만든 후 엘리펀트 마을에 판다면 과연 그 사람들이 사람의 똥으로 만든 종이를 사겠습니까? 이건 분명 엘리펀트 마을에서 뮤즈 왕국을 농락한 일이라고 생각합니다.

그렇군요. 그럼 피고 측 변론하세요.

저는 이 사건의 해결을 위해 증인을 요청하는 바입니다. 국립 섬유질 연구소의 이파리 소장님을 증인으로 요청합니다.

아줌마라고는 믿을 수 없는 하늘하늘한 몸매를 가진 가녀린 40대 여성이 증인석에 앉았다.

무척 아름다우십니다.

네, 그런 얘기는 자주 듣지요.

아, 제가 궁금한 것은 엘리펀트 마을에서 코끼리 똥으로 종이를 만든다고 들었는데요. 코끼리 똥으로 종이를 만들어도 괜찮은 겁니까?

코끼리 똥으로 종이를 만든다는 것은 사실입니다. 코끼리는 초식동물이지요. 초식동물의 똥은 육식동물의 똥과 다릅니다.

이의 있습니다. 똥이면 다 같은 똥이지 무슨 똥에 차이가 있습니까?

생치 변호사! 똥똥 거리지 말아요. 피고 측 변론 계속하세요.

두 똥에는 어떤 차이가 있지요?

육식동물의 똥에는 단백질이 많이 들어 있습니다. 단백질은 수소, 산소, 탄소, 질소로 이루어져 있는데 이중에서 질소가 똥 냄새를 만드는 데 결정적인 역할을 하지요.

🙂 그렇다면 초식동물의 똥은 도대체 어떻단 말씀이시죠?

👧 초식동물은 풀을 뜯어 먹고 살기 때문에 똥의 주성분이 섬유질입니다. 그래서 육식동물의 똥과 달리 냄새가 나지 않는답니다.

🙂 그럼 초식동물의 똥으로 종이를 만들 수 있단 말입니까?

🐶 물론입니다. 우리가 종이를 만들 때 나무로 만들지요? 그건 나무의 섬유질 때문입니다. 마찬가지로 초식동물의 똥으로도 종이를 만들 수 있습니다.

😮 네? 그럼 초식동물의 똥으로 종이를 만들어도 아무 문제가 없다는 말인가요?

👧 똥이라고 해서 다 같은 똥은 아니지요. 더러운 똥도 있고 깨끗한 똥도 있지요. 하지만 초식동물의 똥은 깨끗한 똥이지요. 게다가 자원의 재활용이라는 측면에서 저는 엘리펀트 마을의 코끼리 똥으로 종이를 만드는 아이디어를 무척 높이 사고 싶은 걸요.

🧑‍⚖️ 자, 판결합니다. 저도 초식동물의 똥이 이렇게 유용하게 쓰이는지 몰랐습니다. 하지만 엘리펀트 마을에서 종이를 판매하는 데 있어, 미리 코끼리의 똥으로 만들어졌다는 걸 표기하지 않은 데에도 잘못이 있다고 보고, 이제부터 엘리펀트 마을에서 종이를 팔 때는, 제품에 코끼리 똥으로 만든 것이라는 사실을 표기할 것을 판결하는 바입니다.

재판 후 오히려 똥 종이의 인기는 하늘을 찔렀다. 특히 이파리 연구 소장이 그 아이디어로 발명 특허를 내자는 제안을 한 덕에 똥 종이는 새로운 발명품으로 더욱 인기를 끌게 되었다.

엘리펀트 마을은 본격적으로 똥 종이를 여기저기 세계 각국으로 수출하게 되었고, 결국 그 아이디어를 통해 똥 종이 연구소까지 설립하게 되는 쾌거를 이루게 되었다.

거울 치우지 못해!

코끼리는 거울에 비친 자신의 모습을
보며 어떤 반응을 보일까요?

**사건
속으로**

과학공화국의 코끼리아라는 마을에는 코끼리들이 많이
살고 있다. 이 마을 사람들은 코끼리와 함께 원시적으로
살아가고 있었는데 사람을 코끼리에 태우고 마을을 한 바
퀴 도는 코끼리 트래킹이 이 마을의 주수입원이었다.

그러던 어느 날, 코끼리아 마을에 처음으로 공장이 생
기게 되었다. 그 공장은 거울을 생산하는 미러컴이라는
회사였다. 코끼리아 마을은 노는 땅이 많아서 생산한 거
울을 여기저기 보관할 수 있는 데다 값싼 노동력 때문에

공장을 짓기에는 안성맞춤이었다.

미러컴은 백화점이나 큰 건물의 현관에 설치되는 초대형 거울을 생산하는 회사였다. 그들은 하루 10개의 대형 거울을 생산해서 마을 북쪽에 있는 산에 그것들을 세워 놓았다.

마을 사람들이 워낙 착하기 때문에 그들이 거울을 깰 것이라고는 생각하지 않았으므로 미러컴은 굳이 거울을 지키지 않고 방치해 두었다.

그러던 어느 날, 미러컴의 사장실로 누군가 허겁지겁 들어왔다.

"사장님! 큰일 났어요."

미러컴의 창고 담당자인 이창고 씨가 호들갑을 떨며 말했다.

"도대체 무슨 일인데?"

사장이 조금 놀라는 기색으로 물었다.

"거울이…… 모두 깨졌습니다."

"뭐, 뭐라고?"

사장은 놀라서 이창고 씨를 따라 거울을 놓아 둔 곳으로 달려가 보았다. 이창고 씨 말대로 대형 거울 30개가 산산조각이 나 있었다.

미러컴의 사장은 철석같이 믿고 있었던 코끼리아 마을 사람들이 거울을 모두 깼으니 이를 변상하라며 그들을 생물법정에 고소했다.

코끼리는 자신의 부족을 지키기 위해 외부의 코끼리를 밀치는 습성이 있습니다.

과연 코끼리아 마을 사람들이 거울을 깼을까요?
생물법정에서 알아봅시다.

생물짱 판사

생치 변호사

비오 변호사

🙂 원고 측 변론하세요.

🙂 미러컴은 코끼리아 마을 사람들이 순진할 것이라고 믿고 세워진 회사입니다. 그런데 지금 코끼리아 마을 사람들은 미러컴에게 엄청난 손해를 입혔습니다. 그 사람들이 겉으로는 친절하고 순박해 보이지만, 사실은 엄청난 수익을 내고 있는 미러컴 회사를 넘봐 왔던 것입니다. 이런 식으로 몰래 거울들을 깨뜨리면, 자신들에게 책임을 묻지 않을 거라고 생각하고 계획적으로 저지른 범죄라고밖에 볼 수 없습니다. 단체로 밤에 몰래 산으로 가 부숴 놓은 것임이 틀림없습니다. 본 변호사는 겉으로 착한 척하는 그들의 이중적인 태도까지도 책임을 물어야 한다고 주장하는 바입니다.

🙂 말씀이 너무 지나치신 것 아닙니까!

🙂 비오 변호사 진정하시오. 일단 피고 측 변론하세요.

🙂 아무리 말이라고 해도 그렇지 이건 너무 한 거 아닙니까. 코끼리아 마을 주민들의 억울함을 풀어 줄 김동거 박사님을 증인으로 요청하는 바입니다.

옷 색깔과 어울리지 않는 넥타이를 삐뚤게 맨 김동거 박사가 비스듬히 증인석에 기대어 앉았다.

🙂 현재 박사님은 어떤 일을 하고 계시죠?

😮 아, 저는 동물과 거울의 관계를 연구하고 있습니다.

😀 방금 말씀하신 대로 거울을 연구하신다는 분이, 그렇게 색도 안 맞는 넥타이를 매고 나올 수 있단 말입니까? 이거 영 믿음이 안 가는데…….

😠 말조심하십시오! 이분은 이 분야에 있어 꽤 권위 있는 분이시라고요. 죄송합니다. 박사님, 무례함을 용서하십시오.

😮 뭐, 생치 변호사의 센스 없이 맨 넥타이를 보니, 그럴 만도 하겠구나 싶군요.

🙂 하하. 박사님, 동물들 앞에 거울을 놓으면 동물들은 어떤 반응을 보이게 되나요?

😮 사람은 보통 얼굴에 뭐가 묻었을까, 혹은 자신이 얼마나 잘생겼나 하면서 거울을 보게 되지요. 또 눈으로 직접 볼 수 없는 부분은 거울 두 개를 이용해서 보곤 합니다. 물론 이런 일은 비교적 아이큐가 높은 침팬지의 경우에도 비슷하게 나타납니다. 침팬지도 거울을 보면서 이빨 사이에 낀 이물질을 빼내곤 하니까요.

🙂 그럼 코끼리의 경우는 어떤가요?

🧑 코끼리는 초식동물이고 순한 동물입니다.

🧑 그렇다면 코끼리가 거울을 깰 수 없다는 얘기시군요.

🧑 아닙니다. 코끼리는 자신의 부족을 지키기 위해 외부의 코끼리를 밀치는 습성이 있습니다.

🧑 그것이 거울과 어떤 관계가 있지요?

🧑 코끼리는 거울에 비친 자신의 모습을 보며 외부의 다른 코끼리라고 생각한 것입니다. 따라서 무리를 지키기 위해 거울에 비친 게 자신인 줄도 모르고 공격하게 되는 것이지요. 그래서 거울이 깨지게 된 것입니다.

🧑 그렇습니까? 그렇다면 일단 코끼리가 거울을 깬 것이기 때문에 코끼리아 마을 사람들에게는 죄가 없다고 볼 수 있겠군요.

👩 판결하겠습니다. 본 사건은 코끼리와 거울의 관계를 생각하지 않고, 빈 땅이라는 이유로 아무 데나 거울을 방치해 둔 미러컴 측에 잘못이 있습니다. 그러므로 마을 사람들이 변상해야 할 책임은 전혀 없습니다.

재판이 끝나자, 미러컴 회사 관계자들은 괜스레 코끼리아 사람들을 의심했던 일에 미안한 마음이 들었다. 그래서 코끼리아 사람들에게 조그만 손거울을 하나씩 선물하였다. 그 후에도 미러컴 측은 거울을 여전히 마을 곳곳에 보관해 두었다. 그런데도 거울 깨지는 일이 또다시 발생하지 않았냐고? 괜한 걱정일 뿐이다. 그 후 미러컴 회사는 거울에 검은 커튼을 둘러 코끼리가 거울을 볼 수 없도록 했다. 그 뒤로 는 마을 어느 곳에 거울을 세워 놓더라도 깨지는 일이 발생하지 않게 되었다.

젖먹이 동물

동물

지구에는 많은 종류의 동물과 식물이 살고 있습니다. 이들 동물과 식물은 어떤 차이가 있는지를 알아봅시다.

동물은 식물과 달리 스스로 움직일 수 있는 능력을 가지고 있습니다. 동물의 또 하나의 특징은 다른 생물을 먹이로 하여 살아간다는 거지요.

동물과는 반대로 식물은 필요한 양분을 스스로 만들 수 있습니다. 다만 식물은 자유롭게 움직일 수 없지요.

동물을 크게 분류하는 기준은 등뼈(척추)가 있는지 여부입니다. 등뼈가 있는 동물을 척추동물이라고 하고, 등뼈가 없는 동물을 무척추동물이라고 하는데 척추동물은 크게 포유류, 조류, 어류, 양서류, 파충류로 나뉘어집니다.

포유류

이중에서 포유류란 어미의 배 속에서 다 자란 새끼를 낳아 젖을 먹여 기르는 동물을 말하는데 다른 말로는 젖먹이 동물이라고도 부르지요.

이 동물은 척추를 가지고 있고 다른 동물들에 비해 대뇌가
발달되어 있어 지능이 높습니다.

　포유류(젖먹이 동물)의 특징을 살펴보면 다음과 같습니다.

1. 등뼈를 가지고 있다.

2. 온몸이 털로 덮여 있다.

3. 폐로 숨을 쉰다.

4. 항온 동물이다.

5. 심장이 2개의 심실과 2개의 심방으로 이루어져 있다.

　여기서 항온 동물이란 체온이 외부 기온의 오르고 내림에
관계없이 항상 일정한 온도를 지닌 동물을 말하는데 포유류와
조류가 여기에 속합니다.

　포유류에는 사람을 비롯하여 개, 원숭이, 코끼리, 사자, 고
래, 박쥐 등 많은 동물이 있습니다.

초식동물과 육식동물

 동물 중에는 작은 동물을 먹고 사는 동물이 있는데 이들을 육식동물이라고 부르고, 풀을 먹고 사는 동물을 초식동물이라고 부르지요.

육식동물은 송곳니가 발달되어 있어 고기를 잘 찢을 수 있고, 초식동물은 어금니가 발달되어 있어 풀을 잘 씹을 수 있습니다.

　육식동물은 소화관의 길이가 초식동물에 비해 짧습니다. 또한 초식동물들 중에는 소, 양, 기린, 낙타와 같이 되새김위를 가진 것들도 있습니다.

코끼리

　포유류 중에서 가장 몸집이 큰 코끼리는 아프리카와 인도 등에서 삽니다. 코끼리는 긴 코로 냄새도 맡고 물건을 집기도 하고 나뭇잎을 따기도 합니다. 또한 소리를 내어 친구를 부르기도 하고 물을 빨아들여 목욕도 합니다. 심지어 싸울 때도 코를 사용할 정도로 코끼리의 코는 하는 일이 많습니다.

　코끼리는 일생 동안 성장을 하며 10대 때 가장 많이 자랍니다. 암코끼리는 12~13세가 되면 자신의 새끼를 낳을 수 있고 수코끼리는 14세 정도면 무리를 떠나 혼자 생활합니다.

기린

기린은 포유류 중에서 키가 6미터 정도로 가장 큰 동물입니다. 기린은 서서 자는데 그 이유는 적을 발견하면 빨리 도망가기 위해서입니다. 기린은 또 하루 20분 정도만 자는데 주로 선채로 꾸벅꾸벅 졸지요.

기린은 키가 커서 다른 동물이 오는 것을 빨리 발견하기 때문에 초원의 파수꾼 역할을 합니다. 얼룩말이나 영양들이 기린 옆을 맴도는 이유는 기린이 적이 오는 것을 빨리 알아채기 때문이지요.

제2장

우리 주위의 동물에 관한 사건

타우린 결핍 _ 개의 먹이와 고양이의 먹이

며칠 동안 피자나 치킨 찌꺼기만 먹은 고양이는 어떻게 될까요?

관문 현상 _ 개 짖는 소리

사납게 짖는 개에게 레몬 즙을 뿌리면 어떤 반응을 보일까요?

소의 무게중심 _ 소와 계단

만일 소가 계단을 내려간다면 소에게 어떤 일이 발생할까요?

소의 침 성분 _ 소의 침으로 미용실을?

사람의 침과 소의 침은 어떻게 다를까요?

토끼의 정상변과 식변 _ 내 똥을 돌려줘!

토끼를 위한답시고 매일 토끼집의 똥을 치운다면 과연 어떤 일이 일어날까요?

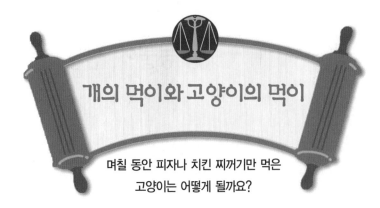

개의 먹이와 고양이의 먹이

며칠 동안 피자나 치킨 찌꺼기만 먹은
고양이는 어떻게 될까요?

**사건
속으로**

바이오 시티에서 회사를 다니고 있는 고견사 씨는 개와 고양이를 아주 좋아했다. 고견사 씨는 아직 결혼을 안한 30대 중반의 남자로 그는 자신의 집에서 개 한 마리와 고양이 한 마리를 함께 키웠다.

그는 매일 아침 집 앞 공원을 산책할 때마다 개와 고양이를 데리고 다닐 정도로 개와 고양이에 대한 사랑이 남달랐다.

그러던 어느 날, 회사 사장이 고견사 씨를 불렀다.

"고견사 씨! 이번에 게놈 시티에 3일간 출장을 다녀와야겠소."

"3일 동안이나요?"

고견사 씨의 머릿속에 갑자기 개와 고양이가 떠올랐다. 요즘 한창 잘 먹고 건강하게 지내고 있는 두 애완동물을 데리고 출장을 갈 수는 없는 일. 그래서 고견사 씨는 동네 신문에 구인 광고를 냈다. 그것은 자신이 출장을 다녀올 동안 자신의 애완동물들에게 먹이를 주는 일을 담당할 사람을 구한다는 내용이었다.

얼마 후, 레이지라는 18세 소년이 방학을 이용해 3일 동안 자신이 그 일을 해 보겠다고 했다. 고견사 씨는 레이지가 듬직해 보여 그를 믿고 출장을 떠났다.

하지만 몸집이 큰 레이지는 아주 게으른 소년이었다. 그는 매일 피자나 치킨을 시켜 먹고 남은 음식 찌꺼기를 개와 고양이에게 던져 주었다.

3일 후, 고견사 씨는 자신의 개와 고양이를 만난다는 생각으로 잔뜩 설레어 돌아왔다. 그런데 이게 웬일인가! 멀쩡했던 고양이가 앞을 못 보는 것이었다. 자기가 없는 동안 레이지 군이 고양이에게 무언가 안 좋은 짓을 했다고 생각한 고견사 씨는 그를 생물법정에 고소하였다.

고양이가 좋아하는 생선 속에는 타우린이라는 성분이 많이 들어 있습니다.
타우린 섭취가 부족할 경우 고양이는 앞을 잘 못 보게 됩니다.

고양이의 먹이와 개의 먹이는 다른가요?
생물법정에서 알아봅시다.

생물짱 판사

생치 변호사

비오 변호사

🐱 피고 측 변론하세요.

😷 레이지 군과 고양이가 앞을 못 보게 된 일이 도대체 무슨 관계가 있습니까? 나이가 들수록 사람도 조금씩 눈이 나빠지듯, 고양이도 이와 비슷하게 그저 시력이 나빠진 것뿐입니다. 사람의 눈이 나빠지는 것은 눈 관리를 제대로 하지 못한 까닭이지요? 고양이도 마찬가지입니다. 자신의 시력 관리는 고양이 스스로 해야지, 3일 동안 고양이를 극진히 보살핀 레이지 군에게 그 책임을 묻는다는 것은 말도 안 된다고 생각합니다. 그리고 만약 음식을 제대로 주지 않아서 눈이 먼 것이라고 주장한다면, 함께 음식을 먹지 못한 개도 앞을 볼 수 없게 되었겠지요. 하지만 개는 아무 문제없이 앞을 잘 보고 있지 않습니까? 이건 말도 안 되는 억측이라고 생각합니다.

🐱 원고 측 변론하세요.

😀 저는 고양이 습성 연구소의 이야옹 박사를 증인으로 요청합니다.

살금살금 걸어 들어오는 걸음걸이가 흡사 고양이와 유사한 40대의 한 여자가 증인석에 앉았다.

🐱 박사님은 현재 고양이에 대해 연구하고 계시지요?

🐱 물론입니다. 저의 인생은 고양이와 함께 흘러왔다고 해도 과언이 아니지요.

🐱 그럼 혹시 고양이와 개의 차이에 대해서 잘 알고 계신지요?

🐱 물론입니다. 저를 물로 보지 마세요. 고양이에 대해서라면 무엇이든지 다 알고 있답니다. 고양이와 개는 완전히 다른 동물입니다. 고양이는 고양이과의 동물이고 개는 개과의 동물이지요. 고양이과의 동물로는 호랑이, 사자 등을 들 수 있고 개과의 동물로는 이리나 늑대를 들 수 있습니다.

🐱 그럼 고양이가 좋아하는 먹이와 개가 좋아하는 먹이가 다르겠군요.

🐱 그런 당연한 말씀을! 지금 고양이를 개와 비교하신단 말입니까? 개는 아무거나 잘 먹는 동물입니다. 하지만 고양이는 아무거나 먹지 않습니다. 편식을 하지요.

🐱 구체적으로 어떻게 편식을 한다는 말씀이시죠?

🐱 고양이는 생선을 좋아하지요.

🐱 아니, 그건 유치원생도 다 아는 얘기 아닙니까?

🐱 생선 속에는 타우린이라는 성분이 많이 들어 있습니다. 바로 이

것 때문에 고양이가 생선을 좋아하는 겁니다.

🐱 타우린이라고요? 그럼 고양이에게 타우린이 꼭 필요하다는 말씀이신가요?

🐱 타우린을 섭취하지 못하면 눈이 멀게 될 만큼, 고양이에게 타우린은 매우 중요한 성분이지요.

🐱 아하! 그럼 이번 사건은 개의 먹이를 고양이에게 주어 고양이가 타우린 부족으로 그만 장님이 된 것이로군요.

🦁 그렇습니다.

🐱 그럼 타우린은 어디에 많이 들어 있나요?

🦁 타우린은 우유와 생선 그리고 쥐들에 많이 들어 있지요.

🐱 아하! 그래서 새끼 고양이에게 따뜻한 우유를 먹이는 거군요.

🦁 그렇습니다.

🐱 레이지 군이 개와 고양이에게 먹인 음식들을 조사해 본 결과 타우린 성분이 들어 있는 음식이 거의 없었습니다. 그런 걸 먹이니까 고양이가 타우린 결핍으로 시력이 약화될 수밖에 없었던 것입니다. 그러므로 이번 사건의 책임은 레이지 군의 무식함과 무책임에 있다고 보고, 이 모든 잘못을 레이지 군에게 물어야 한다는 것이 본 변호사의 생각입니다.

🦁 레이지 군이 조금 더 개와 고양이에 대한 조사를 했다면 두 동물의 먹이가 달라야 한다는 것을 알았을 텐데 무척 안타까운 일이 아닐 수 없습니다. 그렇다면 고양이가 앞을 못 보는 일도 생

기지 않았겠지요. 하지만 개와 고양이의 먹이를 각각 다르게 주어야 한다는 사실을 미리 얘기해 주었어야 하는데 그렇게 하지 않은 고견사 씨에게도 일정 부분 책임이 있습니다. 그러므로 전적으로 누구 한 명의 잘못이 아닌, 두 사람 모두에게 반반씩 책임이 있다고 판결합니다.

재판 결과, 두 사람 모두에게 책임이 있다고 판결했지만 학생 신분인 레이지 군의 걱정은 이만저만이 아니었다. 어쨌든 자신이 책임져야 할 몫의 고양이에 대한 보상을 해야 하는데 그만한 돈이 없었던 것이다. 하지만 고견사 씨도 그런 레이지 군의 사정을 알고 돈으로 보상하는 방법 대신 자신이 출장을 갈 때마다 레이지 군이 무상으로 개와 고양이를 돌봐 주는 데 합의했다.

처음엔 무성의한 태도로 개와 고양이를 돌보았지만 이 사건 이후 레이지 군도 개와 고양이를 가족처럼 세심히 돌보게 되었다.

개 짖는 소리

사납게 짖는 개에게 레몬 즙을 뿌리면
어떤 반응을 보일까요?

**사건
속으로**

　과학공화국 남부의 작은 도시인 바이옹 시에 사는 고
도케 씨는 다른 사람들과 어울리는 것보다 혼자 조용히
책 읽는 것을 좋아했다.

　그래서 그는 바이옹 시 교외의 작은 전원주택에 살면
서 좋아하는 책을 읽으며 세월을 보내고 있었다. 그러던
어느 날, 그의 옆집에 새로운 사람이 이사를 왔다.

　새로 이사 온 왕견이라는 이름의 40대 남자는 개를 무
척 좋아해서 다섯 마리씩이나 키우고 있었다.

그런데 왕견 씨가 키우는 개들은 모두 사나워서 하루 종일 사람들만 보면 컹컹 짖어 댔다. 조용히 책을 읽기 위해 전원주택에 살고 있던 고도케 씨는 개 짖는 소리 때문에 노이로제에 걸릴 지경이었다.

어느 날 고도케 씨는 왕견 씨를 찾아가 따졌다.

"개 짖는 소리가 너무 큽니다. 주의를 좀 주십시오."

"전 개랑 말할 줄 모르는데 당신이 한번 말해 보시오."

왕견 씨는 이렇게 빈정거리면서 고도케 씨를 비웃었다. 이에 화가 난 고도케 씨는 왕견 씨를 생물법정에 고소했다.

개는 레몬 즙처럼 강한 냄새를 맡으면 그 냄새에 집중하느라 짖는 것을 멈춥니다.
이와 같이 그 냄새의 원인을 추적하기 위해 잠시 조용해 지는 것을 관문 현상이라 합니다.

개 짖는 소리를 줄일 수 있는 방법이 있을까요?
생물법정에서 알아봅시다.

생물짱 판사

생치 변호사

비오 변호사

🐶 피고 측 변론하세요.

🐶 친애하는 판사님, 개가 짖어야 개지, 안 짖으면 그게 개가 아니라 게지요. 개들도 말할 권리가 있습니다. 그들에게도 자신의 의사를 표현할 권리를 줘야 합니다. 무조건 사람들이 개 짖는 소리가 시끄럽다고 개의 권리를 박탈해서야 되겠습니까? 그리고 시끄럽다고 해서 짖고 있는 개를 어떻게 억지로 막을 수 있겠습니까? 아무리 조용히 하라고 개한테 말한들 개는 알아듣지도 못합니다. 따라서 지금 이 상황에선 어떠한 대책도 불가능하므로 고도케씨가 조금만 양보하신 후 그냥 참고 살아야 한다고 봅니다.

🐶 원고 측 변론하세요.

🐶 개 습성 연구소 도사견 박사를 증인으로 요청합니다.

도사견 박사는 힐끔힐끔 주위를 둘러보며 증인석에 앉았다.

🐶 도사견 박사님, 왜 그렇게 주위를 둘러보십니까?

🐶 아, 제가 요즘 인기가 많아서 절 쫓아오는 스토커들이 혹여나 여기까지 따라왔나 싶어…… 이런! 성스러운 법정에서 제가 괜한 말을…….

🐶 하하. 아, 아닙니다. 그런데 그런 걱정은 안 하셔도 될 듯한 외모이신데…….

🐶 예?

🐶 아, 아닙니다. 본론으로 들어가서, 개의 습성에 대해서 잘 아신다고 하니 몇 가지 질문하겠습니다. 도대체 개는 왜 짖는 겁니까?

🐶 개한텐 야생에서 살던 원래의 습성이 남아 있어서 그럽니다.

🐶 그게 무슨 말이죠?

🐶 사람들이 개를 집에서 키우기 전에는 무리를 지어 생활을 했습니다. 무리 생활을 하다가 혹 위험한 상황에 처하게 되면 다른 동료들에게 그 위험을 알리기 위해 짖었던 것이지요.

🐶 그렇다면 개가 짖는 걸 멈추게 하는 방법은 없는 건가요?

🐶 그렇지 않습니다. 간단한 방법으로 개를 조용히 시킬 수 있습니다.

🐶 그 방법이 뭐죠?

🐶 레몬 즙 하나면 됩니다.

🐶 레몬 즙? 그게 무슨 말이죠?

사납게 짖어 대는 개에게 레몬 즙을 뿌리면 조용해집니다.

예? 레몬 즙 하나로 그게 가능하다고요? 왜 그런 거죠?

바로 관문 현상 때문입니다.

그게 어떤 현상이죠?

개는 냄새를 잘 맡기 때문에 레몬 즙처럼 강한 냄새를 맡게 되면 그 냄새에 집중하게 되지요. 즉 냄새가 어디서 나는가를 추적하게 됩니다. 그래서 잠시 조용해지는 것입니다.

그럼 왜 굳이 레몬이어야 하지요?

레몬은 신맛을 냅니다. 그런데 이 신맛은 자극성이 강하고 오랫동안 냄새를 풍기기 때문에 개가 냄새의 원인을 찾는 데 시간이 오래 걸리게 됩니다. 그래서 개가 조용히 있는 것이지요.

아, 그런 간단한 방법이 있었군요. 이렇게 개에 대해 주인이 조금만 연구하면 개 짖는 소리를 줄일 수 있습니다. 그러나 왕견 씨는 그러한 노력도 없이 그저 자신과 상관없다는 식의 태도를 취했으므로 본 변호사는 유죄라고 생각하는 바입니다.

요즘 집에서 개를 키우기 시작하면서 이웃들과 개 짖는 소리로 인한 분쟁이 자주 일어납니다. 이럴 경우 개도 하나의 생명체임에도 불구하고 그러한 분쟁을 막기 위해 개의 성대를 제거하거나 입마개, 혹은 전기 충격 장치를 사용하여 짖는 걸 멈추게 하는 방법들이 통용되고 있지요. 저도 이렇게 간단히 개가 짖는 것을 멈추게 하는 방법이 있었는지 몰랐습니다. 분명 왕견 씨도 이런 간단한 방법이 있다는 것을 몰랐던 것으로 판단, 지금은 책임을 묻지 않겠습니다. 그러나 앞으로는 이웃들을 생각하여 개 짖는 소리가 심하다 싶으면 레몬 즙을 뿌려 개를 조용히 시켜야 할 것입니다. 왕견 씨는 개를 키우는 데 있어 좀 더 이웃들을 배려해야 할 것입니다.

재판 후 두 사람은 결국 대화를 통해 화해했다. 고도케 씨는 새로운 친구를 사귄 것에 대해 매우 만족해했고, 왕견 씨 역시 개 짖는 것을 멈추게 할 수 있는 간단한 방법을 알게 되어 흐뭇해했다.

두 사람은 레몬 즙을 분무기에 담아 나눠 가지기로 하였다. 이 사건 이후 이 마을에선 개 짖는 소리로 인한 이웃 간의 분쟁이 더 이상 생기지 않았다.

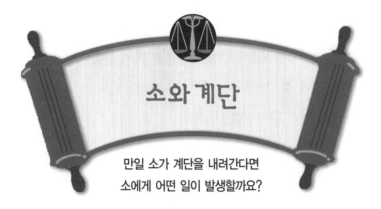

소와 계단

만일 소가 계단을 내려간다면
소에게 어떤 일이 발생할까요?

**사건
속으로**

　최근 도시에서 두 번이나 사업에 실패한 이한우 씨는
시골로 내려가 소를 키우면서 살기로 결심했다. 그래서
이한우 씨는 소 몇 마리를 구입하고 우리를 짓기로 했다.

　이한우 씨는 소를 구입하고 남은 돈이 별로 없어 경사
가 심한 언덕 위에 소 우리를 짓게 되었는데 경사가 급하
다 보니 소들이 내려오는 것을 힘들어 했다. 그래서 이한
우 씨는 이 문제를 마을의 소 모임 회장인 소나투 씨와
의논했다.

"소들이 경사를 무서워해요."

"그럼 계단을 만들면 되겠군! 사람도 경사가 가파른 곳에서는 계단을 이용하잖아."

소나투 씨가 간단하게 말했다.

결국 이한우 씨는 소나투 씨의 말대로 계단을 설치했다. 물론 소는 사람보다 덩치가 훨씬 크고 네 발로 걷기 때문에, 소 전용 계단의 폭은 사람이 다니는 계단보다 훨씬 넓었다.

하지만 계단을 만들고 난 후에도 소들은 계단으로 내려오려 하지 않았다. 그리고 억지로 계단을 내려오게 하면 소들은 망설이며 무서움에 떨다가 그만 앞으로 고꾸라져 다리가 부러지곤 했다.

결국 계단 설치가 소에게 아무런 도움이 되지 못한다는 것을 알게 된 이한우 씨는 소나투 씨를 생물법정에 고소했다.

소는 네 개의 위를 가지고 있어 무게중심이 몸의 앞쪽에 쏠려 있습니다.

때문에 계단을 내려갈 경우 회전력이 작용해 고꾸라지게 됩니다.

소는 왜 계단을 내려올 수 없을까요?
생물법정에서 알아봅시다.

생물짱 판사

생치 변호사

비오 변호사

🙄 피고 측 변론하세요.

😊 모든 소가 계단을 내려오지 못하는 것은 아닙니다. 어떤 소인가에 따라 계단을 잘 내려오는 것과 그렇지 못한 것이 있을 것입니다. 계단을 자연스럽게 오르내리는 사람의 경우에도 계단을 무서워하는 할머니들이 있지 않습니까? 이처럼 소들도 계단에 적응이 덜 되어서 그렇지, 조금만 익숙해지면 쉽게 계단을 내려올 수 있을 것입니다. 하필 이한우 씨의 소들이 높은 곳에서 낮은 곳으로 내려가는 것을 무서워하는 소들이었을 뿐 조금 시간이 지나고 나면 금방 적응할 수 있을 것입니다.

🙄 원고 측 변론하세요.

😮 국립 한우 연구소의 바비큐 소장을 증인으로 요청합니다.

바비큐 소장이 증인석에 앉았다. 앞으로 볼록 튀어나온 뱃살은 서 있을 때보다도 유독 도드라져 사람들의 눈에 띄기 십상이었다.

🧑 바비큐 소장님, 소장님은 우리나라에서 둘째가라면 서러울 만큼 소에 관한 한 일인자라고 들었는데요?

🧑 허허, 물론이지요. 소에 대한 연구뿐만 아니라, 소고기를 먹은 횟수도 아마 우리나라에서 일인자일 겁니다.

🧑 아, 그래서 배가…….

🧑 허허, 튀어나온 배는 인격을 나타내지요. 얼마나 인자하고 온화한 사람인가, 뭐 이런 것들을 보여 주는 인격 말입니다. 그런고로 이 배는 곧 제 인격입니다. 인격. 허허…….

🧑 아, 그렇군요. 하하, 정말 성격은 좋아 보이십니다.

🧑 예?

🧑 아, 아니 그게 아니라…… 그럼 바로 질문하겠습니다. 저……, 소는 계단을 못 내려옵니까?

🧑 아니, 그렇게 당연한 것을 물으시다니……. 당연히 소는 계단을 못 내려오지요.

🧑 그 이유가 뭐죠?

🧑 소는 익숙하지 않은 것에 대해 두려움이 매우 강합니다. 그래서 소는 계단을 보고 익숙한 길이 아니라고 여겨 주저한 것이지요.

🧑 만일 억지로 소가 계단을 내려가면 어떻게 됩니까?

🧑 앞으로 고꾸라질 가능성이 크지요.

🧑 그건 왜 그런 거죠?

🧑 소가 가진 장기의 대부분은 위로 이루어져 있습니다. 특히 소

는 네 개의 위를 가지고 있는데 이로 인해 소의 무게중심은 소의 몸 앞쪽에 쏠려 있지요. 이렇게 무게중심이 앞에 있는 상태에서 계단을 내려가면 앞으로 회전력이 작용해 물체가 앞으로 돌게 됩니다. 그 힘 때문에 소는 앞으로 고꾸라져 넘어지는 것이지요.

아하! 그럼 계단을 잘 내려오는 소는 없는 것이군요. 앞쪽으로 쏠려 있는 소의 무게중심 때문에 말입니다.

그렇습니다.

소의 무게중심에 대해 조금만 알았더라면 이런 일은 없었을 것입니다. 이한우 씨에게 제대로 알지도 못하고 잘못된 정보를 준 소나투 씨에게 이번 사건의 책임이 있다고 봅니다.

소의 무게중심이 앞으로 쏠려 있다는 사실을 이번 재판을 통해 처음 알았습니다. 물론 소나투 씨가 이한우 씨를 돕기 위해 충고한 것이지만 자신이 책임질 수 없는, 즉 잘 알지 못하는 충고는 하지 말았어야 합니다. 그러므로 소나투 씨에게도 아주 책임이 없다고 말할 수 없으므로, 이한우 씨에게 다친 소의 치료비를 보상해 줄 것을 판결하는 바입니다.

재판이 끝나고 소나투 씨는 이한우 씨에게 치료비를 주었다. 그리고 소나투 씨는 자신의 잘못된 충고 때문에 주위 사람들이 얼마나 피해를 입을 수 있는가를 새삼 깨닫고 더욱 조심히 말하게 되었다. 그리고 그동안 이한우 씨는 소들에 대해 많이 안다고 생각했는데 아직도 많이 부족하다는 것을 깨닫고, 밤마다 틈틈이 시간을 내어 소와 관련된 책을 펼쳐 놓고 공부를 하다 잠이 들곤 했다.

소의 침으로 미용실을?

**사람의 침과 소의 침은
어떻게 다를까요?**

**사건
속으로**

과학공화국 동부의 작은 도시인 카우 시티에는 소들이 많기로 유명하다. 그래서 도시 곳곳에서 소들을 쉽게 구경할 수 있다.

이헤어 양은 카우 시티에서 소를 키우면서 미용실을 운영하고 있었다.

"왜 이렇게 손님이 없지?"

이헤어 양은 손님이 없자 마당에 있는 평상에 누워 있다 그만 깜박 잠이 들어 버렸다.

그 순간 이헤어 양이 키우는 소가 자고 있는 이헤어 양에게 다가와 혀로 머리를 핥았다.

잠시 후 동네 친구인 이지나 양이 이헤어 양의 미용실로 놀러 왔다가 그 광경을 목격하곤 소를 쫓아냈다.

"무슨 일이야?"

잠에서 깨어난 이헤어 양이 친구인 이지나 양에게 물었다.

"글쎄, 소가 네 머리를……."

"뭐라고?"

이헤어 양은 깜짝 놀라 거울 앞으로 달려갔다. 그런데 놀랍게도 자신의 머리가 헤어젤을 바른 것처럼 빳빳하게 서 있었다. 그로부터 며칠 동안 그런 빳빳한 머리가 유지되었을 뿐만 아니라 심지어는 머리를 감은 뒤에도 그 형태가 유지되었다.

그래서 그녀는 소의 침을 제대로 이용하면 헤어젤을 아낄 수 있을 거라는 생각이 들었다. 그리고 그녀는 곧 '소가 헤어젤을 발라 준다'는 광고를 냈고, 이를 신기하게 여긴 많은 사람들이 그녀의 미용실로 몰려들었다.

그러자 주위의 다른 미용실 주인들이 이헤어 양이 소를 이용하여 헤어젤을 발라 준다는 광고는 사기 행위라며 그녀를 생물법정에 고소했다.

소의 침은 주성분이 식소 성분으로, 사람의 침보다 점도가 20배 정도 높습니다.

생물짱 판사

샌치 변호사

비오 변호사

🧑‍⚖️ 원고 측 변론하세요.

👩 누구나 노력하기만 하면 미용사 자격증을 얻을 수 있습니다. 그렇다고 그 자격증이 아무나 쉽게 딸 수 있는 것은 결코 아닙니다. 소의 침으로 머리를 만지다니요? 이 얼마나 불결한 일입니까? 그리고 소의 침으로 머리를 만질 것 같으면 소도 미용사를 하게요? 한번 생각해 보십시오? 소의 혀가 자신의 머리카락을 핥고 지나갔을 때의 그 끈적끈적한 느낌을 말입니다. 게다가 그 침을 이용해 헤어젤 대용으로 사용하다니요, 이건 다른 미용사들을 욕되게 하는 일일 뿐만 아니라 그 미용실을 이용하는 고객들을 무시하는 행위이기도 합니다. 지금은 처음이라서 사람들이 신기해하며 미용실로 몰려들지 모르나, 곧 그 비위생적인 방법 때문에 사람들의 발길이 금세 끊길 것입니다. 그러므로 이런 비위생적인 미용을 하루속히 중지해야 한다고 생각합니다.

🐶 피고 측 변론하세요.

🧑 소 기능 연구소 이소설 박사님을 증인으로 요청합니다.

60대의 느긋한 표정의 사내가 증인석에 앉았다.

🧑 박사님, 오늘 헤어스타일이 멋지시네요.

😠 오늘 증인으로 나온다고 해서 신경을 좀 썼지요.

🧑 이렇게 삐죽삐죽 세운 머리는 아무나 소화하기 힘든 헤어스타일인데…….

😠 암요. 하지만 조금만 신경 쓰면 누구나 만들 수 있는 스타일이기도 하지요.

🧑 하하, 그렇군요. 그럼 질문하겠습니다. 소의 침을 이용하여 머리를 세울 수 있다고 하던데 그게 사실인가요?

😠 네, 가능한 일입니다. 소의 침을 머리에 묻히면 헤어젤처럼 사람의 머리카락을 뻣뻣하게 고정시킬 수 있지요. 지금 보고 계신 제 머리카락도 그렇게 해서 고정시킨걸요, 하하.

🧑 거참, 말도 안 되는 소리! 그럼 제 침으로도 머리카락을 헤어젤을 바른 것처럼 삐죽삐죽 세울 수 있겠네요?

😠 허허, 애석하게도 사람의 침으로는 그렇게 못하지요.

🧑 어째서죠?

😠 그건 소의 침 성분이 사람의 침 성분과 다르기 때문이지요.

🧑 대체 어떻게 다르단 말씀이시죠?

소의 침은 그 주성분이 빵을 만들 때 사용하는 식소 성분으로, 사람의 침보다 점도가 20배 정도 높습니다. 그런 높은 점도 때문에 소가 침 묻은 혀로 한 번만 머리를 핥아도 머리카락이 완벽하게 고정되지요.

20배씩이나요? 우아, 엄청나군요. 그럼 도대체 고정된 머리카락은 얼마 동안 지속되죠?

그 힘은 생각보다 아주 강력합니다. 잠자고 하루가 더 지나도 그대로이지요. 또한 머리를 감아도 여전히 머리가 빳빳하게 세워진답니다. 사실 지금 제 머리카락도 하루가 지났는데도 불구하고 이렇게 삐죽삐죽, 마치 오늘 헤어젤을 새로 바른 것처럼 보이지 않습니까?

정말 신기한 일이군요. 그렇다면 소의 침이 헤어젤과 같은 역할을 하기 때문에 미용실에서도 충분히 사용할 수 있습니다. 그러므로 지금 이헤어 양이 제공하는 미용 방법에서 그 어떤 잘못도 발견할 수 없으므로, 계속 영업을 해도 상관이 없다고 생각하는 바입니다.

소의 침이 헤어젤과 같은 기능을 한다는 것은 놀라운 사실이 아닐 수 없습니다. 그러나 비록 같은 기능을 가진다고 하더라도 사람의 머리카락에 소의 침을 이용해 그 모양을 가꾸는 것은 위생상 인정할 수 없습니다. 그러므로 앞으로 이헤어 양은 미용실에서 소를 이용하는 것을 금지하도록 하십시오.

재판 후 이헤어 양은 소의 침으로 헤어스타일을 만드는 일을 그만 두어야 했다. 주위의 미용실에서는 이헤어 양의 가게가 더 이상 소의 침을 이용할 수 없게 되었으니 그 가게에는 손님이 몰리지 않을 것이라 생각했지만, 이헤어 양의 머리 만지는 솜씨는 손님들 사이에서 이미 입 소문이 나 있었다.

그래서 소의 침을 헤어젤로 이용하지 않아도 많은 사람들이 이헤어 양의 가게에서 머리를 하고 싶어했다. 그래서 이헤어 양의 미용실은 손님들로 늘 북적거리게 되었다.

내 똥을 돌려줘!

토끼를 위한답시고 매일 토끼집의 똥을
치운다면 과연 어떤 일이 일어날까요?

**사건
속으로**

초등학교에 다니는 이묘순 양은 토끼 마니아이다. 그
녀는 다른 친구들이 애완견이나 애완고양이를 키우는 것
과는 달리 어릴 때부터 귀가 크고 눈이 빨간 토끼를 아주
좋아했다.

최근에 그녀는 아버지를 졸라 집에서 키울 수 있는 작
고 흰 토끼 한 마리를 구입했다. 토끼의 이름은 바니라고
지었다.

그녀는 바니를 정성껏 키웠고, 깡충깡충 뛰어다니는

바니의 재롱에 폭 빠져 있었다. 그리고 바니를 동물병원에 맡겨 예쁘게 꾸며 주기로 결심했다.

그것은 다름 아닌 흰색 토끼의 몸통 이곳저곳을 다른 색으로 염색시키고 털을 아름답게 장식하여 화려하게 변신시키는 작업이었다.

그녀는 토끼 바니를 동물병원으로 데리고 가서 수의사에게 말했다.

"제 토끼를 무지개 색으로 예쁘게 꾸며 주세요."

수의사는 처음으로 토끼를 맡아 봐서 그런지 조금 당황하는 표정이었다.

수의사는 토끼를 변신시키는 데 3일 정도 걸린다고 말하고 토끼 바니를 맡았다. 그리고 토끼를 개장 속에 넣어 두었다. 수의사는 토끼가 똥을 자주 쌌지만, 불평 없이 그 똥들을 매일매일 깨끗하게 치워 주었다.

그러나 며칠 후, 이묘순 양이 동물병원을 방문했을 때 토끼 바니는 죽어 있었다. 그녀는 토끼 바니의 죽음이 동물병원 탓이라며 수의사를 생물법정에 고소했다.

토끼의 똥에는 정상변과 식변이 있습니다.

식변에는 단백질과 영양분이 풍부하여 식변을 먹지 못하면 영양 부족으로 죽게 됩니다.

토끼의 똥은 어떤 역할을 할까요?
생물법정에서 알아봅시다.

생물짱 판사

생치 변호사

비오 변호사

피고 측 변론하세요.

동물병원은 동물들에게 최적의 환경을 제공해야 할 의무가 있습니다. 동물병원에 근무하는 수의사는 토끼 바니에게 최적의 환경을 제공하기 위해 노력했습니다. 토끼가 똥을 싸면 즉시 깨끗하게 치워 줌으로써 자기 똥 냄새에 질식하지 않도록 해 주었을 뿐만 아니라 깔끔하고 쾌적한 환경에서 생활할 수 있도록 도와주었습니다. 그렇게 토끼를 돌보았던 수의사가 바니의 죽음과 관련 있다니……. 이는 분명히 명예 훼손에 해당하는 일입니다. 똥을 치웠다고 동물이 죽을 리가 없지 않습니까? 괜한 소송으로 동물병원의 영업을 방해했을 뿐만 아니라, 수의사의 명예까지 훼손하였으므로, 오히려 이 묘순 양이 동물병원에 피해 보상을 해야 한다고 주장하는 바입니다.

원고 측 변론하세요.

애니머루 대학에서 토끼를 연구하는 래비트 박사를 증인으로 요청하는 바입니다.

래비트 박사의 두 눈은 붉게 충혈되어 밤새 연구에 골몰한 흔적이 역력했다. 그는 피곤한 듯 하품을 하며 증인석에 앉았다.

🧑 박사님, 피곤하신데도 기꺼이 이곳까지 나와 주셔서 감사합니다.

🧔 아함, 예. 제가 조금 피곤하다 보니…… 되도록 빨리 진행해 주셨으면 합니다.

🧑 네, 그렇게 하도록 하죠. 일단 이번 사건에 대해서는 미리 들어서 알고 계시죠?

🧔 물론입니다.

🧑 이묘순 양의 토끼 바니가 갑작스럽게 죽었는데, 동물병원에서는 깨끗한 환경에서 지낼 수 있도록 똥을 치워 준 일밖에는 없다고 합니다. 그렇다면 무엇이 문제가 되어 토끼가 죽었을까요?

🧔 당연히 토끼가 배설한 똥을 즉시 치웠다면 토끼가 죽을 수밖에 없습니다.

🧑 그건 왜죠?

🧔 토끼는 자신의 똥을 먹어야 살 수 있기 때문이지요.

🧑 네? 전…… 좀체 이해가 안 되는군요.

🧔 토끼는 음식을 먹으면 섭취한 음식물이 위장을 거쳐 대장을 통해 바로 변으로 나옵니다. 이를 식변이라고 하는데, 이 식변은 영양분이 매우 풍부하지요. 토끼는 이 풍부한 영양분을 다시 섭취하기 위해 변을 먹는 것입니다.

그렇다면 토끼가 똥을 안 먹으면 어떻게 되지요?

토끼의 변에는 정상변과 식변이 있는데 식변을 먹지 못하면 토끼는 영양 부족으로 죽게 됩니다.

음…… 정상변과 식변의 차이는 뭐죠?

식변에는 단백질과 영양분이 풍부하고 섬유소는 적은 반면 정상변에는 섬유소는 많지만 단백질과 영양분이 별로 없지요.

잘 알겠습니다. 그러니까 토끼는 식변을 먹지 못해서 영양실조로 죽은 거군요. 토끼가 배설한 똥을 모두 치워 주었으니 당연히 식변도 치웠을 거고, 결국 식변을 먹지 못한 토끼가 죽은 것입니다. 그렇다면 이 모든 일의 책임은 이런 사실을 제대로 알지 못한 수의사에게 있다고 판단됩니다.

무조건 깨끗한 환경을 만든다고 동물에게 도움이 되는 것은 아니라는 것을 알았습니다. 그러므로 이번 사건의 경우, 수의사의 무지함이 토끼 바니의 죽음을 불러왔으므로 그 책임이 크다고 판결하는 바입니다. 따라서 수의사는 이묘순 양에게 토끼를 다시 사 주어야 할 것입니다. 그리고 수의사는 동물들을 치료하고 그 생사를 결정하는 중요한 역할을 하고 있는 만큼 앞으로 토끼에 대한 공부를 철저히 할 것을 명합니다.

재판 후 수의사는 이묘순 양에게 진심으로 사과하면서 예쁜 토끼 두 마리를 선물하였다. 그리고 자신의 무지함에서 비롯된 이번 사건을 계기로 일단 동물병원을 1년간 쉬면서 동물들에 대해 다시 공부하기로 결심했다.

거의 1년을 도서관에 틀어박혀 살다시피 한 수의사는 동물들에 대해 매우 박식해졌을 뿐만 아니라, 토끼에 대한 논문도 동물학회에 발표하게 되었다. 그 논문은 논문 발표 대회에서 1등을 하게 되었고, 그는 더욱 동물에 관한 연구에 열의를 쏟게 되었다.

우리 주위의 동물

개

우리 주위에 있는 동물 중에서 가장 자주 볼 수 있는 동물은 개입니다. 개는 달리거나 더위를 느낄 때면 헉헉대며 숨을 쉽니다. 이것은 개가 자신의 체온을 내리는 방법이지요. 사람들은 개가 혓바닥을 길게 내밀어 체온을 낮춘다고 믿고 있지만 개의 혀는 체온 조절에 아무런 영향도 미치지 않습니다. 실제로 개의 체온을 내리는 역할은 콧구멍이 합니다. 체온이 올라간 개는 코로 공기를 들이마시고 입으로 내쉽니다. 개의 콧속은 언제나 축축하기 때문에 바람이 몸의 열을 잘 빼앗아 갑니다.

개의 조상은 늑대와 비슷한 동물입니다. 그래서 개도 늑대처럼 추위에 강한 동물이지요. 가장 추위에 강한 개는 북극에 사는 에스키모개입니다.

개의 털에는 겉 털과 속 털이 있습니다. 속 털이란 겉 털 사이에 나 있는 잔털을 말하지요. 에스키모개는 이런 속 털들이 많아서 눈 위에서도 추위를 느끼지 않고 살 수 있습니다. 반면 털이 짧은 치와와나 도베르만 그리고 속 털이 없는 몰티즈는

추위에 약합니다.

개는 왜 여기저기에 오줌을 누고 다닐까요? 그것은 자신의
영역을 표시하기 위해서입니다. 물론 나무에 오줌을 누는 개
는 암캐가 아니라 수캐입니다. 개는 냄새를 잘 맡기 때문에 오

줌 냄새를 통해서 자신의 동료들을 찾기도 하지요.

고양이

고양이는 모든 색을 정확히 구별하지 못합니다. 고양이의 눈은 파란색과 노란색은 구분하지만 빨간색은 알아보지 못하지요. 그러므로 고양이의 눈에 숲은 모두 푸르게 보입니다.

고양이는 밤에 활동하는 동물이므로 어두운 곳에서도 물체를 잘 보지요. 사람의 눈에는 희미한 빛이라 할지라도 고양이의 눈은 그 희미한 빛을 반사시켜 물체를 본답니다. 그래서 고양이의 눈이 밤에는 빛나는 것처럼 보이는 것입니다.

고양이는 낮에는 눈을 가늘게 뜨고 밤에는 동그랗고 크게 뜨는데 이것은 마치 카메라의 조리개처럼 눈으로 들어가는 빛의 양을 조절하기 위한 것입니다.

고양이는 얼굴을 찡그리며 냄새를 맡는 습관이 있습니다. 이때, 맡은 냄새가 낯선 냄새일 경우, 고양이는 오줌을 누는 습성이 있습니다.

개와 고양이의 꼬리

개는 꼬리를 통해 자신의 감정을 나타냅니다. 개는 기쁠 때나 화가 날 때 꼬리를 빠르게 흔들어 자신의 감정을 드러냅니다.

그럼 고양이도 그럴까요? 고양이는 다릅니다. 고양이는 아무리 기뻐도 개처럼 꼬리를 흔들지 않습니다. 다만 자기 자신을 뽐낼 때 꼬리를 뻣뻣하게 세우지요.

염소는 왜 종이를 먹을까요?

염소에 종이를 주면 잘 씹어 먹습니다. 그 이유는 뭘까요? 염소는 초식동물이므로 풀을 먹으면서 생활합니다. 그런데 종이는 풀의 줄기나 나무의 섬유질로 만든 것이기 때문에 염소에게는 종이가 풀처럼 여겨지는 것입니다. 하지만 염소는 화학물질이 첨가된 종이는 먹지 않습니다.

제3장

동물과 환경에 관한 사건

얼룩말의 줄무늬 효과 _ 혼자가 된 얼룩말
얼룩말의 검은 줄무늬는 어떤 역할을 할까요?

동물과 식물의 분류 기준 _ 유글레나는 동물인가 식물인가?
유글레나는 왜 동물 분과와 식물 분과 사이에서 문제가 될까요?

멧돼지와 네오포비즘 _ 우산 장수와 멧돼지
멧돼지가 상대를 향해 돌진하며 미는 힘의 세기는 어느 정도일까요?

혼자가 된 얼룩말

얼룩말의 검은 줄무늬는
어떤 역할을 할까요?

**사건
속으로**

세렝 동물원에는 많은 얼룩말들이 살고 있었다. 얼룩말들이 새끼를 많이 낳자 마릿수는 점점 더 늘어나 세렝 동물원은 마치 얼룩말 동물원을 방불케 했다.

얼룩말들의 천연 줄무늬는 많은 관광객들로 하여금 탄성을 자아내게 했다.

하지만 최근에 비가 거의 내리지 않아 풀들이 잘 자라지 않자 서로 풀을 뜯어먹으려고 얼룩말들끼리 다투는 일이 많아졌다.

자신이 뜯어먹고 있는 풀을 다른 얼룩말이 먹으려고 하면 뒷발로 걷어차면서 서로 풀을 빼앗기지 않으려고 다투었다. 그러다 보니 여기저기 온몸에 멍든 얼룩말들이 하나 둘씩 늘어나기 시작했고, 이는 관광객들의 눈살을 찌푸리게 했다.

결국 세렝 동물원에서는 얼룩말들을 떼어 놓기로 결정했다. 그리하여 한 마리씩 나무에 매달아 서로 만날 수 없게끔 한 것이었다.

그런데 얼마 후 얼룩말들이 점점 줄어들기 시작했다. 사자나 표범 같은 육식동물들이 닥치는 대로 얼룩말을 먹어 치웠기 때문이었다.

그러자 얼사모(얼룩말을 사랑하는 모임)는 세렝 동물원을 얼룩말 관리 소홀로 생물법정에 고소했다.

얼룩말들이 무리 지어 있을 때 얼룩말의 무늬는
멀리서 보면 한 덩어리의 커다란 동물처럼 보입니다.
때문에 사자나 표범 등의 공격을 피할 수 있습니다.

얼룩말은 혼자 있으면 어떻게 될까요?
생물법정에서 알아봅시다.

생물짱 판사

생치 변호사

비오 변호사

🐶 재판을 시작합니다. 피고 측 변론하세요.

🐮 얼룩말이 육식동물에게 잡아먹히는 것은 당연한 이
치입니다. 지금 이 소송은 풀들이 얼룩말들에게 왜
자꾸 우리 풀들을 뜯어먹느냐고 소송을 거는 것과
같습니다. 육식동물들도 당연히 먹이가 있어야 합
니다. 육식동물들이 얼룩말을 잡아먹는 당연한 일
을 가지고 왜 동물원의 관리 소홀 운운하면서 얼룩
말의 수가 줄어든 책임을 동물원 측에 덮어씌우려
는지 저는 좀체 이해할 수 없습니다. 육식동물이 얼
룩말을 잡아먹어도 얼룩말은 또 새끼를 낳고, 얼룩
말은 풀을 뜯어먹고 자라 다시 육식동물의 먹이가
되고……뭐 이런 순환이 당연한 자연의 이치 아닙
니까?

🐶 원고 측 변론하세요.

🐱 얼사모의 얼룩말 연구 담당인 이얼룩 씨를 증인으
로 요청합니다.

이얼룩 씨가 씩씩대며 증인석에 앉았다.

이얼룩 씨, 조금 흥분하신 거 같은데요?

지금 저쪽에 있는 변호사가 아무것도 모르면서 떠들어대는 소리에 저도 모르게 화가 나서 그만…….

뭐라고요?

증인은 묻는 말에만 대답하십시오.

지금 비오 변호사가 묻지 않았소? 내가 왜 흥분했냐고…….

아, 죄송합니다. 마음을 좀 가라앉히시고……, 그럼 얼룩말의 수가 줄어든 이유에 대해서 좀 설명해 주시겠습니까?

제가 말하고 싶은 것이 바로 그겁니다. 지금 자연의 이치에 맞지 않게 엄청나게 많은 얼룩말들이 죽었습니다. 그 이유는 얼룩말들을 따로 떨어뜨려 놓았기 때문입니다. 이는 곧 세렝 동물원의 관리 소홀을 탓할 수밖에 없는 일이지요.

함께 모여 있어도 결국 얼룩말들은 힘이 센 사자나 표범의 먹이가 될 텐데, 따로 있으나 모여 있으나 그게 무슨 차이가 있다고 그러시는 겁니까?

얼룩말은 무리를 지어 생활합니다. 그리고 온몸에는 줄무늬가 있지요. 이렇게 이들이 무리 지어 있으면 얼룩말의 무늬 때문에 멀리서 보면 한 덩어리의 커다란 동물처럼 보이게 된단 말입니다.

아하! 그러면 사자나 표범이 무서워서 공격할 수 없겠군요.

그렇습니다. 하지만 이번 경우처럼 얼룩말들을 따로 떼어 놓는다면 얼룩말은 사자나 표범에게 잡아먹히기 쉬운 먹잇감이 됩니다. 비록 얼룩말이 뒷발로 걷어차는 능력이 있긴 하지만 사자나 표범에게는 별로 통하지 않습니다.

그러니까 얼룩말의 무늬는 자신들을 보호하기 위한 수단으로 작용하는 것이군요.

그렇습니다. 다른 약한 동물들도 이런 방법을 사용하지요.

예를 들자면?

몇 가지 동물들을 예로 들면 우선 카멜레온의 경우, 주위 환경에 따라 몸 색깔이 변하는데 이를 보호색이라고 부른답니다. 그리고 산토끼 같은 경우도 겨울이 되면 흰색으로 털갈이를 하여 눈 속에 자신의 몸을 숨기지요.

아, 그렇군요. 잘 알겠습니다. 얼룩말끼리 함께 지내도록 했더라면 이런 일은 없었을 겁니다. 그러나 세렝 동물원 측에서 얼룩말을 따로 떨어뜨려 놓음으로써 얼룩말들 스스로 자신을 보호할 수 없는 상황에 처하도록 만든 것입니다. 이것은 분명 세렝 동물원 측의 관리 능력 부족이라고 생각되어집니다, 판사님.

얼룩말들이 갑작스레 죽은 것에 대한 충분한 이유가 된다고 봅니다. 무리를 지어 자신을 보호할 수밖에 없는 약한 동물인 얼룩말을 따로 떨어뜨려 놓은 것은 세렝 동물원의 잘못이라고 여겨집니다. 동물원 측은 얼룩말들을 위해 충분한 풀을 공급해서 얼룩말끼리의 싸움을 방지하도록 노력해야 할 것입니다. 그리고 예전처럼 얼룩말들이 함께 모여 지낼 수 있게 함으로써 동물원의 먹이사슬 체계를 바로잡아야 할 것입니다.

세렝 동물원은 얼룩말들을 위해 곳곳에 풀을 가득 심기 시작했다. 풀을 가득 심음으로써 황량했던 동물원이 조금은 더 푸르고 울창해진 느낌이었다. 그리고 얼룩말들이 한데 모여 생활함으로써 얼룩말들의 수가 급격히 줄어드는 일도 사라지게 되었다. 얼룩말들의 몸에 난 상처와 멍도 이제 거의 낫게 되면서 세렝 동물원은 예전의 평화를 되찾게 되었다.

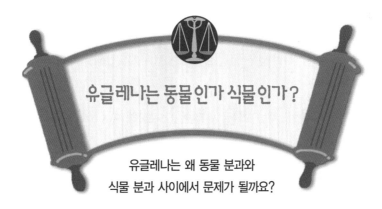

유글레나는 동물인가 식물인가?

유글레나는 왜 동물 분과와
식물 분과 사이에서 문제가 될까요?

**사건
속으로**

　최근 생물학회의 '뜨거운 감자'로 떠오른 문제가 있다.
그것은 모든 생물은 동물과 식물로 분류되는데 유글레나
를 놓고 그것이 동물이냐 식물이냐 하는 논란이 벌어진
것 때문이었다.

　생물학회는 두 개의 분과로 나뉘어져 있는데 하나는
동물 분과이고 다른 하나는 식물 분과였다.

　동물 분과를 맡고 있는 사람은 생물학회의 이동물 회
장이고 식물 분과를 맡고 있는 사람은 부회장인 나식물

씨였다. 두 사람은 동물학자와 식물학자를 대표하여 유글레나를 자신이 소속되어 있는 분과의 연구 대상으로 택하고 싶어했다.

결국 두 사람의 설전은 크리스마스이브에 열린 생물학회에서 벌어졌다.

〈동물과 식물의 차이〉라는 제목으로 개회식 강연이 끝난 뒤 쉬는 시간에 두 분과의 회장은 휴게실에서 만났다.

"유글레나는 헤엄쳐 다니잖아? 그러니까 동물이 틀림없어."

이동물 회장이 먼저 말했다.

"유글레나는 스스로 영양분을 만들 수 있으니까 식물이 틀림없어."

나식물 부회장도 지지 않고 이에 맞섰다.

결국 두 사람을 대표로 한 두 분과의 설전은 생물학회에서는 결론을 내릴 수 없게 되었다. 그러자 유글레나에 대한 연구를 어느 쪽 분과에서도 다룰 수 없게 되었다.

보다 못한 과학부 생물 조정실에서는 더 이상 유글레나의 연구가 중단되는 사태를 두고 볼 수 없어 이 문제의 판결을 생물법정에 의뢰했다.

유글레나는 동물처럼 헤엄쳐 다니면서,
엽록소를 통해 스스로 영양분을 만들어내는 식물적 특성도 있습니다.

유글레나는 동물일까요, 식물일까요?

생물법정에서 알아봅시다.

생물짱 판사

생치 변호사

비오 변호사

🐶 피고 측 변론하세요.

🐶 친애하는 판사님, 유글레나는 이중인격자입니다.

🐶 아니, 잠깐…… 생치 변호사, 유글레나가 무슨 인격이 있다는 거요?

🐶 아, 그게 아니라 유글레나는 이중적인 구석이 있는 녀석이다…… 이 말입니다. 얼마나 이중적인가 하면 줏대 없이 동물의 특성을 가지고 있기도 하고 식물의 특성을 가지고 있기도 하니 말입니다.

🐶 생치 변호사! 좀 정리해서 말하시오.

🐶 그러니까 한마디로 제 말은 유글레나는 동물도 아니고 식물도 아닌 무생물이 틀림없다는 겁니다.

🐶 생치 변호사, 유글레나에 대해서 지금 잘 모르고 있는 것 같군요. 그래서 이 말 저 말 왔다 갔다 하는 것이죠?

🐶 하하하…… 판사님, 그게, 제가 요즘 너무 바빠서…….

🐶 알겠습니다. 일단 원고 측 변론하세요.

🐶 저는 식물과 동물 분류 전문가인 바이오 대학의 린

네 교수를 증인으로 요청합니다.

어지러워 보이는 돋보기안경을 쓰고 지팡이를 짚은 모습이 흡사 꼬부랑 할아버지 같은 사람이 증인석에 앉았다. 저런 사람이 교수라니! 다들 믿지 않는 분위기였다.

🧑 교수님, 도대체 식물과 동물을 구분할 수 있는 결정적인 차이는 무엇입니까?

👴 식물과 동물의 차이를 두 가지로 설명할 수 있습니다. 먼저 첫 번째는 이동성입니다. 동물은 스스로 위치를 바꿀 수 있습니다. 하지만 식물은 불가능하죠. 집 베란다에 있는 화분의 꽃이 아침에 인사하고 학교 가는 일 보셨습니까?

🧑 가만…… 동물도 학교는 안 가잖아요?

👴 그런가요? 하하하…… 예리하군요. 아무튼 내 얘기는 움직일 수 있으면 동물, 그렇지 않으면 식물이라는 거지요.

🧑 그럼 유글레나는 헤엄쳐 다니니까 동물이겠군요.

👴 과연 그럴까요?

🧑 아까 움직일 수 있다면 동물이라고 하셨잖아요.

👴 자, 내 말을 끝까지 들어 봐요. 두 번째로 동물과 식물을 분류하는 기준은 '영양분을 어디에서 만들어 내는가'입니다. 동물은 외부로부터 영양분을 얻지요. 초식동물은 풀에서, 육식동물은

작은 동물을 잡아먹음으로써 영양분을 섭취합니다.

그렇다면 식물은요?

식물이 다른 식물을 잡아먹는 걸 본 적 있습니까? 식물은 광합성이라는 작용을 통해 영양분을 스스로 만들어 내지요. 이 과정은 잎 속에 있는 엽록소에서 이루어지는데 빛과 이산화탄소, 그리고 뿌리가 끌어올린 물을 이용하여 영양분을 만들어 내지요.

아, 그렇군요. 그렇다면 이 법정에서 논하고 있는 유글레나의 경우는 어떤가요?

유글레나는 엽록소를 가지고 있습니다. 그러니까 유글레나는 스스로 영양분을 만들어 낸다는 말이지요.

그럼 유글레나는 식물이군요.

그렇게 볼 수도 있지요.

아니, 교수님. 저희보고 어떻게 판단하라고 그렇게 애매한 말씀만 하시는 겁니까? 동물이라고 했다가 다시 식물이라고 했다가…….

그러니까 제 말은 식물의 성질과 동물의 성질 모두를 가지고 있다는 얘기지요.

그럼 두 성질 모두 가지고 있으니 지킬과 하이드 생물이라 하는 건 어떨까요?

그거 괜찮은 생각 같은데…… 사실 유글레나는 현미경 없이는 잘 보이지도 않을뿐더러 애완용으로 키우는 것도 아니니까……, 그러니 유글레나는 동물과 식물의 이중성을 지닌 생물로 결정합시다. 그러므로 유글레나에 관한 연구는 동물 분과와 식물 분과 양쪽 모두에서 연구가 가능한 것으로 판결합니다.

우산 장수와 멧돼지

멧돼지가 상대를 향해 돌진하며
미는 힘의 세기는 어느 정도일까요?

**사건
속으로**

과학공화국의 공업 도시 중 하나인 인터 시티의 외곽 야산에는 멧돼지들이 많이 살고 있다. 과거에는 야산에 먹을거리가 많아 멧돼지들이 사는 데 지장이 없었다. 하지만 최근에는 야산에 아파트나 발전소가 들어서면서 생태계가 변하여 멧돼지들의 먹을거리가 줄어들자 멧돼지들이 인터 시티의 도심에 출몰하는 일이 자주 발생했다.

거대한 몸집의 멧돼지는 엄청난 속력으로 달리면서 시민들을 위협했고 많은 공공 기물들을 파괴하는 등 인터 시티 사람들은 매일 멧돼지 때문에 불안 속에서 생활해야만 했다. 그러던 중 멧돼지 때문에 큰 사건이 발생하게 되었다. 비 오는 어느 날, 야산에서 가까운 곳에 위치한 인터 시티의 이치동에서 유치원에서 돌아오는 아이들이 갑자기 돌진하는 멧돼지의 공격을 받고 부상을 당하는 사건이 벌어진 것이었다.

그곳을 지나가던 한 행인이 우연히 그 광경을 카메라에 담은 것이 보도되었는데, 그 안에는 멧돼지가 아이들에게 돌진하기 전에 우산 장수가 급히 멧돼지를 피해 도망치는 장면이 함께 찍혀 있었다.

이 필름은 사람들에게 큰 충격을 안겨다 주었다. 어떻게 어른이 아이들 먼저 지킬 생각을 하지 않고 자신만 피할 수 있느냐며 많은 사람들이 우산 장수인 김우산 씨를 비난했다.

이에 화가 난 김우산 씨는 자신이 아무리 어른이라 해도 멧돼지를 상대하는 것은 불가능했다며 자신을 비난하는 네티즌들을 생물법정에 고소했다.

대부분의 동물들은 새로운 물체를 보면 두려워하는 성질이 있는데,
이것을 네오포비즘이라고 합니다.

우산 장수는 멧돼지를 막을 수 있었을까요?
생물법정에서 알아봅시다.

생물짱 판사

생치 변호사

비오 변호사

원고 측 변론하세요.

지금 우산 장수는 어처구니없는 네티즌들의 공격을 받고 있습니다. 천하장사 씨름 선수라도 멧돼지를 막기는 어렵습니다. 만약 이소룡이나 성룡 같은 인물이라면 멧돼지를 막을 수 있을지 모르겠지만……. 특히 이소룡의 그 화려한 몸놀림과 하늘을 나는 듯한 무술 한 방이면 고놈의 멧돼지를 제압할 수 있었을 텐데.

생치 변호사, 지금 이곳은 영화배우를 소개하는 자리가 아닙니다.

하하하, 판사님은 농담도 잘하셔.

생치 변호사!

예, 그러니까 제 말은 아무리 뛰어난 무술을 하는 사람이라도 멧돼지를 막는 건 힘들다는 얘기지요. 이런 의미에서 막무가내로 김우산 씨에게 비난을 퍼붓는 네티즌들의 태도는 그 도가 지나치다고 생각하는 바입니다.

피고 측 변론하세요.

아이들이 위험에 처해 있었습니다. 과연 김우산 씨는 도망치는 것 외에 다른 방법이 없었을까요? 바비큐 대학에서 멧돼지의 습성을 연구하는 도야지 박사를 증인으로 요청합니다.

도야지 박사가 증인석에 앉았다.

멧돼지가 왜 시내로 들어오는 거죠?

생태계가 파괴되어 먹을 게 없으므로 사람이 사는 시내까지 오는 것입니다.

그렇다면 멧돼지의 힘은 대체 어느 정도인지요?

멧돼지는 상대를 향해 달려들 때 코끝에 힘을 모읍니다. 이때 코로 미는 힘은 약 1톤 정도입니다. 그러므로 여기에 사람이 부딪히면 즉사하게 됩니다.

그것 봐요. 사람이 부딪히면 즉사하는데 대체 김우산 씨가 무슨 힘이 있어 멧돼지로부터 아이들을 구할 수 있었겠습니까?

무시무시한 힘이 아닐 수 없습니다. 그런데 증인은 우산으로 멧돼지를 막을 수 있다고 주장하는데 그게 사실인가요?

네, 그렇습니다.

그럼 우산의 뾰족한 것으로 멧돼지를 찌르는 겁니까?

아니, 그것은 매우 위험한 짓입니다.

그럼 대체 어떻게 막을 수 있단 말이죠?

🐗 멧돼지 앞에서 우산을 펼치면 됩니다.

👨 그냥 우산을 펼치기만 하면 된다고요? 그럼 어떤 일이 일어나게 되나요?

🐗 멧돼지는 도망칩니다.

👨 그저 우산을 펼치기만 할 뿐인데 멧돼지가 도망친다고요? 왜죠?

🐗 이런 걸 네오포비즘이라고 하는데 대부분의 동물에 적용됩니다. 동물들은 새로운 물체를 보고 두려워하는 성질이 있지요. 게다가 멧돼지는 시력이 무지 나쁩니다. 그런 멧돼지 앞에서 우산을 펼치게 되면 사람은 없고 거대한 바위가 눈앞에 있다고 생각해 도망치는 거지요.

👨 그렇습니다. 김우산 씨는 우산으로 멧돼지를 충분히 막을 수 있었습니다. 그런데도 도망을 치다니, 너무 얍삽한 행동 아닙니까? 만약 어린아이들이 자기 아들딸들이었다면 과연 그런 행동을 했을까요? 그 아이들의 부모 입장에서는 너무나 화가 나고 원통한 일일 것입니다. 이 모든 것을 감안해서 판결해야 한다고 생각합니다.

👩 자, 판결하겠습니다. 많은 우산을 들고 있었다면 우산으로 여러 가지 시도를 해 보는 것이 좋았을 것입니다. 그리고 설사 우산이 없다 하더라도, 아이들을 구조하기 위해 조금이라도 노력하는 모습을 보였어야 했습니다. 그러나 김우산 씨는 자신의 위기를 모면하는 데 급급한 나머지 아이들에게 닥친 위험을 알면서

도 먼저 도망쳤습니다. 물론 멧돼지에 대해 무지하여 일어난 사건이기는 하나, 도덕적으로 그 행동이 이해되지 않으므로, 김우산 씨에게 일주일 동안 야산에서 멧돼지의 먹이를 제공할 것을 판결하는 바입니다.

재판 후 김우산 씨는 자신의 비겁한 행동을 뼈저리게 후회했다. 그리고 아이들이 또다시 멧돼지를 만날 경우를 대비해 아이들에게 우산을 하나씩 나누어 주기로 결심했다. 아이들은 비상용 우산을 늘 들고 다니면서 혹시 만날지도 모르는 멧돼지의 위협에 대처할 수 있었다. 그리고 김우산 씨의 이런 헌신적인 태도에 네티즌들도 그를 호의적으로 평가하기 시작했고, 네티즌 어린이 선정 올해의 '착한 어린이 표 감사장'을 받기도 하였다.

동물과 환경

물을 마시지 않고 사는 동물이 있을까요?

사막의 배라고 불리는 낙타도 물을 마시지 않고는 살 수 없습니다. 하지만 아프리카의 건조한 지역에 사는 오릭스라는 동물은 물을 한 방울도 마시지 않고 살 수 있습니다. 이는 오릭스의 코에 특별한 기능이 있기 때문인데, 그것은 바로 냉각 기능입니다.

젖먹이 동물은 뇌의 온도가 43도를 넘으면 죽습니다. 그렇기 때문에 물을 마심으로써 항상 일정한 체온을 유지하게 되는 것이지요. 그러나 오릭스는 뇌로 보내는 피의 온도를 코의 냉각 장치로 낮출 수 있어 뇌의 온도가 체온보다 항상 3도 정도 낮게 유지될 수 있습니다. 이런 냉각 장치 덕분에 오릭스는 물을 마시지 않아도 살 수 있지요.

야생동물들의 눈은 밤에 왜 반짝일까요?

눈의 구조는 사진기의 구조와 비슷합니다. 안구는 외형상 원형을 띠고 있으며, 한쪽 부분에 렌즈의 역할을 하는 수정체가 있습니다. 수정체 부분을 우리는 눈동자라고 부르지요. 수

정체의 바깥 부분에는 홍채라는 것이 있어 외부로부터 들어오는 빛의 양을 조절합니다. 수정체를 통과한 빛은 투명한 젤리 상태의 물질을 지나 망막에 도달하게 됩니다.

야생동물들은 밤에 빛을 받으면 눈이 밝게 빛나는 것을 볼 수 있는데, 이것은 흡수되지 않고 그냥 지나친 빛이 눈 안에서 다시 반사되어 나오기 때문입니다. 즉, 빛을 재흡수할 수 있어 빛이 약한 밤에도 충분한 시력을 가질 수 있는 것이죠.

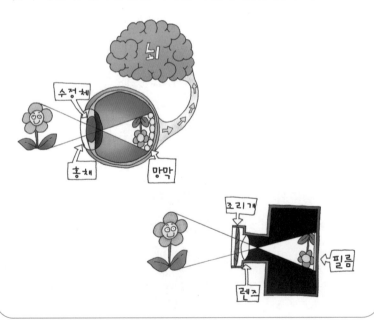

철새들은 왜 길을 잃지 않을까요?

철새들은 아주 먼 거리를 이동하면서도 길을 잃는 법이 없습니다. 그 이유에 대해서는 아직 정확히 밝혀지지 않았습니다. 다만 다양한 내용의 인공적인 실험을 통해 몇 가지 이유가 알려졌습니다.

첫 번째 실험은 햇빛의 방향을 변화시킬 수 있는 창과 거울이 설치된 특별한 새장에 철새를 넣는 것이었습니다. 실험 결과 철새들은 햇빛의 방향이 바뀌면 비행 방향을 바꾸었습니다. 즉 떠오르는 태양의 방향을 통해 비행 경로의 단서를 찾는다는 것이 밝혀졌습니다. 시간이 지날수록 새들은 그들 몸속에 있는 체내 시계의 도움으로 이 방향을 유지할 수 있게 됩니다.

두 번째는 밤에 이동하는 경우를 실험하기 위해 천체 투영실에 철새를 넣었습니다. 돔에 비친 별의 위치를 바꾸자 이에 따라 새들이 방향을 바꾸며 난다는 것이 밝혀졌습니다.

지구자기장과 관련이 있다는 것도 사실입니다. 먼 거리를 이동하는 철새들은 대개 남북으로 이동하기 때문에 '지구자기를 감지하여 방향을 찾는 것이 아닐까?' 하고 생각했었는데, 실제로 그 예상이 맞는 것으로 밝혀졌습니다.

비둘기는 집을 잘 찾는 새로 유명하여 옛날부터 서신을 전달하는 데 사용되었지요. 비둘기의 머리에 작은 자석이 들어 있다는 사실이 1979년 미국에서 확인되었습니다. 뇌와 머리뼈 사이에 가로, 세로 각각 1밀리미터, 2밀리미터인 조직 안에 기다란 자석이 발견된 것입니다. 이 자석을 나침반으로 삼아 먼 거리에서도 정확하게 목적지를 찾아오는 게 아닐까 추측할 수 있습니다.

그러나 철새들이 항상 낮에만 이동하거나 밤에만 이동하는 것이 아니며, 모든 철새가 자석을 가지고 있는 것도 아닙니다.

그래서 전문가들은 이런 것들 외에 지구자기장의 방향, 지구의 자전, 기압의 변화 등과 같이 많은 다른 요인들도 철새들이 비행 경로를 찾는 데 도움을 제공할 것이라고 믿고 있습니다.

제4장

바다 속 동물에 관한 사건

상어의 로렌치니 기관 _ 상어와 건전지

상어는 시각이나 후각을 이용하지 않고 어떻게 먹잇감을 찾아낼까요?

갈치의 특성 _ 갈치의 잠버릇

갈치는 헤엄칠 때와 잠을 잘 때의 모습이 어떻게 다를까요?

자라의 특성 _ 자라가 안전하다고?

귀엽다고 자라를 마냥 쓰다듬어 준다면 어떤 사고가 발생할까요?

연체동물의 특성 _ 문어가 사라졌어요

문어가 자기 몸보다 훨씬 좁은 틈으로 이동하는 것이 가능할까요?

해마와 육아낭 _ 수놈 해마가 새끼를 낳는다고요?

수놈 해마가 새끼를 낳는 장면을 찍어 논문을 쓴 이해마 씨에게 잘못이 있을까요?

상어와 건전지

상어는 시각이나 후각을 이용하지 않고
어떻게 먹잇감을 찾아낼까요?

**사건
속으로**

과학공화국 남부의 작은 도시인 프레이 시에 사는 김
피서 씨는 여름만 되면 가족들을 데리고 좋은 피서지를
찾아다닌다. 그런데 최근 공화국 남부의 바다에 판타지
라는 이름의 멋진 해수욕장이 개장한다는 소식을 들은
김피서 씨는 가족 모두를 데리고 그곳으로 갔다.

"정말 너무 멋있는 곳이에요."

김피서 씨의 아내인 한낭만 씨가 말했다.

"여긴 아직 관광객들이 잘 모르는 곳이니까 물이 깨끗할 거야. 그리고 이곳 바다는 깊어서 쓰레기도 별로 없을 거고 말이야."

김피서 씨는 푸른 바다를 바라보며 아내와 함께 즐거운 여름휴가를 보내고 있었다.

3박 4일 휴가 기간의 마지막 날, 김피서 씨는 아내와 함께 아름다운 판타지아의 모래사장에 누워 바다를 바라보았다.

그때 건장한 청년 한 명이 두 사람에게 다가와 말했다.

"바다 속으로 들어가면 더욱 아름답습니다. 저는 스쿠버 사업을 하는 이잠수라고 합니다."

"바다 속 광경은 정말 멋질 것 같아요, 여보!"

아내가 감탄사를 연발하자 김피서 씨는 주저하지 않고 이잠수 씨에게 스쿠버를 배우기로 했다. 하지만 겁이 많은 김피서 씨는 바다 속에 사는 무시무시한 동물들의 공격을 받을까 봐 두려워했다. 그래서 그는 이잠수 씨에게 물었다.

"혹시 상어라도 나타나면……?"

"이 바다에는 상어가 없습니다."

이잠수 씨가 자신 있게 말했다.

그런 그의 말에 김피서 씨는 마음을 놓고 바다를 즐길 수 있었다. 그런데 갑자기 아내의 외침이 들렸다.

"카악……, 여보! 상…… 상어가……."

갑자기 상어가 나타난 것이었다. 김피서 씨의 아내는 너무 놀라 급기야 기절하고 말았다.

"이봐요! 이잠수 씨, 어떻게 좀 해 봐요."

"저도…… 상어를 만난 건 이번이 처음이라 대체 어찌해야 될지 몰라서……."

김피서 씨의 휴가는 순식간에 엉망이 되고 말았다. 다행히 아내가 다치지 않고 무사히 구조되기는 했지만, 아내는 그 뒤로 바다를 무서워하게 되었다.

이에 너무나 화가 난 김피서 씨는 결국 이잠수 씨를 생물법정에 고소하였다.

상어는 로렌치니 기관을 통해 후각이나
시각에 의존하지 않고도 먹이를 찾을 수 있습니다.

상어의 공격을 어떻게 막을 수 있을까요?
생물법정에서 알아봅시다.

생물짱 판사

생치 변호사

비오 변호사

🐶 피고 측 변론하세요.

🧑 바다에 상어가 있는지 없는지 스쿠버 사업을 하는
사람이 그런 것까지 다 알아야 할 필요는 없는 거
아닌가요? 바다에 상어가 있건 없건 그것은 상어의
마음입니다. 갑자기 안 보이던 상어가 나타날 수도
있지요. 그런 것까지 책임지라고 한다면 대체 누가
이런 사업을 하려고 하겠습니까? 흔히 그런 일들을
가리켜 천재지변이라고 하는 거 아니겠습니까? 판
사님, 비가 오는 걸 막을 수 없듯이, 바다에 상어가
나타나는 것 역시 막을 수 없습니다. 따라서 이잠수
씨에게는 이번 일과 관련하여 아무 잘못이 없다고
생각하는 바입니다.

🐶 원고 측 변론하세요.

🧑 상어에 대한 개인 연구가이신 아가리 씨를 증인으
로 요청합니다.

큰 입을 자랑하는 40대의 아가리 씨가 증인석에 앉았다.

🧑 아가리 씨, 이번 사건에 대해서는 들으셨죠?

😠 네, 어처구니가 없는 사건이 아닐 수 없습니다. 안전하다고 주장할 때는 언제고, 이제 와서 상어가 나타나는 건 천재지변이라니요! 저도 바다를 사랑하는 한 사람으로서 무척이나 화가 납니다. 게다가 상어가 나타났을 때 제대로 대처하지도 못하고, 그게 뭡니까? 도대체…….

🧑 그래서 제가 증인으로 모신 겁니다. 제가 듣기로 증인은 이번 사건이 보도되고 나서 상어를 쉽게 막을 수 있는 방법이 있다는 주장을 했는데, 그게 사실인가요?

😠 네, 간단한 방법이 있지요.

🧑 그게 뭐죠?

😠 건전지만 있으면 됩니다.

🧑 엥? 건전지로 상어를?

😠 네, 그렇습니다.

🧑 어떤 원리로 그게 가능하다는 말씀이신지……?

😠 상어에게는 로렌치니 기관이라는 것이 있는데 이 기관은 다른 동물이 내는 전류를 감지하는 역할을 합니다. 상어의 로렌치니 기관은 생물이 내는 1억분의 1볼트라는 아주 약한 전류도 감지하여 후각이나 시각에 의존하지 않고 먹이를 찾을 수 있지요. 일반적으로 바다 생물들로부터 나오는 전류는 0.000015볼트 정도로 약하지만 건전지의 전류는 이보다 수백 배 강하기 때문

에 상어는 깜짝 놀라 도망치게 되는 것이지요.

간단한 방법이 있었군요. 그렇다면 혹시 상어가 나올지도 모르는 상황을 대비해 초강력 건전지를 준비하고 바다 속으로 들어간다면 사람들을 상어의 공격으로부터 보호할 수 있겠군요.

그렇습니다.

피고 이잠수 씨는 바다에 들어가는 것을 무서워하는 김피서 씨에게 분명 상어가 없다고 말했습니다. 자신이 확신하지 못하는 사실에 대해서 함부로 말을 해서는 안 되는 것이지요. 게다가 만일 상어가 나타날 경우, 상어를 막을 수 있는 건전지 충격 방법도 알지 못한 채 무방비 상태로 사태를 일관한 피고에게 많은 잘못이 있다고 봅니다. 그에 따라 이 모든 일에 대해 피고 이잠수 씨는 책임을 져야만 할 것입니다.

원고 측의 의견에 전적으로 동의합니다. 분명 피고는 상어가 없다고 원고를 안심시켜 놓고서, 막상 상어가 나타나자 그 어떤 대책도 세워 주지 못했습니다. 이것은 피고가 상어에 대해 미리 그 어떤 준비도 하지 않았기 때문임을 인정하여, 피고 이잠수 씨는 김피서 씨에게 손해 배상뿐 아니라 정신적인 위자료까지 주어야 할 것입니다.

재판 후 해수욕장마다 새로운 진풍경이 벌어졌다. 해수욕장 옆에 튜브와 파라솔을 빌려 주는 가게마다 '소형 건전지 구비, 상어 안전

퇴치'라는 팻말이 붙어 있었던 것이다.

　이제 바다에서 소형 건전지를 구비하는 것은 당연한 일로 받아들여졌다. 그리고 또 패션 감각이 뛰어난 이들은 소형 건전지를 목걸이로 만들어 매고 다니기도 하였다. 새로운 건전지 목걸이를 예쁘게 차고 있다가 상어가 나타나면 건전지 목걸이를 던지기만 하면 되는 것으로 안전사고를 예방할 수 있다는 장점 때문에 건전지 목걸이는 각 해수욕장마다 불티나게 팔리게 되었다.

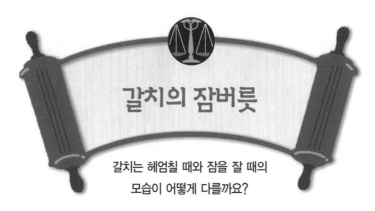

갈치의 잠버릇

갈치는 헤엄칠 때와 잠을 잘 때의
모습이 어떻게 다를까요?

**사건
속으로**

과학공화국 동부에는 멋진 바다가 훤히 펼쳐져 있었
다. 그래서 매년 여름이면 그곳에 있는 많은 해수욕장들
이 축제를 벌이는 등 다양한 행사들이 열리곤 하였다.
그중에서도 가장 인기 있고 유명한 행사는 모든 물고기
들이 밤이면 화려한 춤을 춘다는 '춤바다'였다. 올해에
도 어김없이 춤바다에는 많은 사람들이 바글바글 모여
들었다.

서부에서 횟집을 하는 자갈치 씨는 요즘 장사가 잘 안

돼서 고민을 하고 있던 차에, 텔레비전에서 춤바다를 가득 메운 피서객들의 모습을 보고 좋은 아이디어를 떠올렸다.

"아, 바로 이거야. 나도 춤바다에 가서 회를 팔면 분명 사람들이 회를 먹기 위해 많이 몰려들겠지. 특히 내가 잘하는 갈치회를 사람들에게 선보여야겠다."

그렇게 결심한 자갈치 씨는 바로 짐을 싸서 동부에 있는 춤바다로 향했다. 그러나 생각했던 것보다 이미 많은 사람들이 춤바다에서 장사를 하기 위해 속속들이 모여들고 있었다. 자갈치 씨는 사람들로 가득한 해수욕장에서 어떻게 장사를 해야 할지 막막했다.

'좀 더 춤바다에 대해서 알아봐야겠는걸. 그런데 이 많은 갈치들을 다 들고 다닐 수도 없고, 음…… 옳거니! 저기 보이는 수족관 판매소에 맡겨 놓고 잠시 다녀와야겠다.'

자갈치 씨는 근처에 큰 팻말로 '아낌없는 수족관'이라고 적힌 곳을 발견하고서 거기다 갈치를 맡겼다.

"저희는 물고기들을 보관해 드리는 데 뭐든 아끼지 않습니다. 믿고 맡겨 주십시오."

'아낌없는 수족관' 주인의 믿음직스런 태도에 자갈치 씨는 기분 좋게 갈치들을 맡긴 다음, 춤바다 해수욕장 주위를 둘러보고 돌아왔다.

그런데 이게 웬일인가? 돌아와 보니 갈치들이 다 죽어 있는 것이었다.

"이…… 봐요! 이게 무슨 경우요. 내 갈치들이 다 죽어 있지 않소."

"그럴 리가 없는데. 분명히 갈치들이 물속에 충분히 잠길 수 있도록 2센티미터 정도 높이의 물에 담가 놓았는데……."

"뭐라고요? 2센티미터라고요? 내 참 어이가 없어서……. '아낌없는 수족관'이라면서요? 고작 물을 2센티미터 부어 놓고 지금 내 갈치들을 안전하게 넣어 놓았다고 얘기하는 거요?"

"갈치들이 충분히 잠길 수 있도록 2센티미터 정도만 부어도 될 것을 왜 괜히 물 낭비하면서 더 부어 놓겠어요!"

이런저런 실랑이를 벌이며 아낌없는 수족관 주인의 목소리도 점점 커져 갔다. 화가 난 자갈치 씨는 결국 아낌없는 수족관을 자신의 갈치들을 제대로 보관하지 못한 죄로 생물법정에 고소해 버렸다.

갈치는 조금씩 움직일 경우에는 등지느러미를 이용합니다.
몸통을 꼿꼿이 세우고 서 있게 되는 것입니다.
따라서 2cm의 물에서는 아가미가 밖으로 나와 죽게 됩니다.

갈치는 어떻게 잠을 잘까요?
생물법정에서 알아봅시다.

생물짱 판사

생치 변호사

비오 변호사

재판을 시작하겠습니다. 피고 측 변론하세요.

이런 말도 안 되는 경우가 어디 있습니까? 판사님, 제 말을 들어 보십시오. 분명 원고 측이 피고인에게 갈치를 맡긴 것은 사실입니다. 그러나 원고인 자갈치 씨는 특별히 어떻게 해 달라는 당부도 없이 그저 믿고 맡겼을 뿐입니다. 피고는 적당한 양의 물을 부어 갈치를 보관하는 등 나름대로 최선을 다했습니다. 그 뒤에 갈치가 죽은 것을 가지고 최선을 다한 피고에게 지금 와서 뭐라고 할 수 없는 일 아닙니까? 생각해 보십시오. 그렇다고 수족관 주인이 혹시 갈치가 죽지는 않을까 계속 갈치만 지켜볼 수도 없는 노릇 아닙니까? 그러므로 피고인 아낌없는 수족관 주인에게는 아무 잘못이 없다고 주장하는 바입니다.

네, 잘 알겠습니다. 그럼 이제 원고 측 변론하세요.

저는 생선 사랑 협회장을 맡고 계신 고양이 양을 증인으로 요청하는 바입니다.

고양이 양은 은은한 향수 냄새를 풍기며 도도한 자세로 걸어 나오더니 증인석에 사뿐히 앉았다.

이곳 신성한 재판장에서는 옳은 말만 해야 합니다. 고양이 양은 생선 사랑 협회장이신데, 생선에 대해서 누구보다 잘 알고 계시겠죠?

그럼요. 전 모든 물고기를 직접 양식해 보았을 뿐만 아니라 직접 먹어 보기도 했기 때문에 생선의 특성이라든가, 생김새, 습성 등 모든 것을 잘 알고 있답니다.

그렇다면 갈치에 대해서도 잘 알고 계시겠군요?

당연하죠. 갈치라면 생각만 해도 입맛이…… 하하하. 제가 지금 무슨 얘기를 하고 있는 건지…… 대체 무엇이 궁금한 거죠?

갈치의 특성에 대해서 알고 싶습니다. 좀 얘기해 주시겠습니까?

갈치는 성질이 급한 생선에 속합니다. 그래서 물에서 건지면 바로 죽게 되어 있어요.

그렇습니다. 바로 그런 점 때문에 자갈치 씨는 갈치를 수족관에 맡길 수밖에 없었던 것이죠. 행여나 자신이 움직이는 동안 갈치들이 물에서 벗어나게 될까 봐 말이죠. 그렇다면 고양이 양, 만약 갈치들이 자신의 몸만 간신히 잠길 정도의 2센티미터 정도의 물에 담가 놓았다면 갈치들은 어떻게 될까요?

몸만 잠길 정도라고요? 지금 농담하시는 거죠?

🧒 아닙니다. 만약 제 질문이 사실이라면 갈치들은 어떻게 되나요?

🐭 당연히 갈치는 죽을 수밖에 없죠. 그걸 지금 말이라고 하세요? 갈치는 조금씩 움직일 때는 등지느러미를 이용합니다. 등지느러미를 이용하다 보니 당연히 몸통이 꼿꼿이 서 있게 되어 있지요. 2센티미터 정도의 물이라면 갈치의 뒷부분만 잠길까 말까 하는 높이니까 갈치의 아가미를 물 밖으로 내놓은 것과 마찬가지지요. 갈치가 누워서 헤엄치는 경우는 먹이를 낚아챈 뒤 먼 거리를 이동할 때만 그런 자세를 취한답니다. 갈치는 그럴 때만 다른 물고기처럼 누워서 헤엄을 치는 것이지요.

🧒 증인 고양이 양의 이야기가 자갈치 씨에게 많은 힘이 될 것 같군요. 감사합니다. 존경하는 재판장님, 증인이 얘기했듯이 갈치를 죽인 것은 명백한 피고 측의 잘못이라고 봅니다. 갈치의 몸만 물에 잠기면 된다는 안일한 생각으로 갈치에 대한 세밀한 조사 없이 잘 보관하지 못한 결과, 갈치들을 모두 죽게 하였으므로 죽은 갈치에 대한 보상뿐만 아니라 갈치의 죽음으로 자갈치 씨가 입은 정신적 피해 보상까지 아낌없는 수족관에서 모두 해 주어야 할 것입니다.

🦁 판결합니다. 아낌없는 수족관은 자갈치 씨에게 갈치를 맡아 달라는 부탁을 받고 갈치를 보관하였지만 결국 모두 죽게 되었습니다. 물론 아낌없는 수족관이 갈치의 특성을 제대로 파악하지 못하여 갈치들을 모두 죽게 하였으나, 수족관에서 고의적으로

죽이려고 한 것이 아니라 생물학적 지식이 부족했다고 판단됩니다. 따라서 일단 죽은 갈치에 대한 것은 모두 아낌없는 수족관에서 보상해 주고, 자갈치 씨는 수족관 주인에게 일주일에 한 번씩 수중 생물에 대한 특성을 가르쳐 줄 것을 명하는 바입니다. 그럼 여기서 재판을 마치겠습니다.

재판이 끝난 후, 아낌없는 수족관 주인은 자갈치 씨에게 죽은 갈치에 대해 보상을 하고, 자갈치 씨는 매주 아낌없는 수족관에 와서 수중 생물에 대한 특성을 가르쳐 주게 되었다. 아낌없는 수족관 주인은 자갈치 씨로부터 여러 수중 생물에 대한 특성을 배워 더욱 바다 생물들을 잘 기르고 보살필 수 있게 되었다.

그의 노력과 자갈치 씨의 가르침으로 아낌없는 수족관은 동부 춤 바다 최고의 수족관으로 알려지기 시작했다. 수족관 주인은 자갈치 씨 덕에 장사가 더욱 잘되자, 수족관을 찾는 손님들에게 자갈치 씨의 횟집을 맛집으로 추천해 주어 자갈치 씨의 횟집도 더욱 번창하게 되었다.

자라가 안전하다고 ?

귀엽다고 자라를 마냥 쓰다듬어 준다면
어떤 사고가 발생할까요?

**사건
속으로**

막씨 집안은 이름을 항상 네 글자로 짓는 희한한 특징이
있었다. 그래서 막내둥이 군과 이쁜이 양이 결혼을 해서
갖게 된 아이의 이름은 막무가내였다. 처음 얻은 아이인지
라 막내둥이 군은 늘 아이를 안고 다닐 만큼 너무나 예뻐
했다. 막무가내가 여섯 살이 되던 해, 막내둥이 군은 여느
때와 마찬가지로 딸을 꼭 안고 길을 지나가고 있는데, 막
무가내가 갑자기 아빠를 부르는 것이었다.

"아빠, 아빠, 아빠, 나 저거……."

막내둥이 군은 무엇인가 하고 딸이 가리키는 곳을 향해 돌아보았더니 아이는 아빠 품에 안긴 채, 수족관 한편에 있는 자라를 가리키는 것이었다.

"우리 귀여운 막무가내가 저게 그렇게도 갖고 싶니?"

"응, 나 저거 너무 갖고 싶어…… 사 줘."

그때 옆에 있던 이쁜이 양이 얘기했다.

"안 돼! 어제도 강아지 사 달라고 졸라서 사 줬잖아. 그저께는 앵무새에, 이제 오늘은 자라까지…… 절대로 안 돼!"

"엄마 미워. 아빠, 아빠, 아빠, 나 저거 사 줘…… 응?"

"아빠도 사 주고 싶은데, 오늘은 엄마의 태도가 너무 완강하네. 대신 다음에 아빠가 엄마 몰래 사 줄게."

"안 돼, 안 돼. 지금 사 줘…… 지금 사 줘…… 응?"

막무가내는 엄마 아빠 말도 듣지 않은 채 계속 칭얼대기 시작했다.

"그럼, 잠깐 구경만 하고 가자. 알았지?"

결국 이쁜이 양과 막무가내는 구경만 하기로 하고 수족관 가게로 들어갔다.

"어서 오세요."

"저기 있는 자라를 좀 보려고 하는데요."

"네, 얼마든지 구경하세요. 아이고…… 이 꼬마 아가씨, 참 예쁘기도 하네요. 이런 어린 친구들이 키우기에 자라는 너무 좋은 동물이랍니다."

"그렇죠? 아저씨…… 나도 실은 저 자라가 너무 맘에 들어요."

이쁜이 양은 막무가내가 너무 좋아하는 모습을 보자 순간 마음이 흔들렸다.

"아이들이 키우기에 괜찮을까요?"

"그럼요. 자라는 다른 강아지처럼 사람을 물 위험도 없고, 어항 속에 있으니까 집 안을 어지럽히지도 않으니, 아이들이 키우기에는 최고의 동물이죠."

"그렇겠군요. 자라를 손으로 만져도 물지 않을까요?"

"그럼요, 한번 키워 보세요. 자라처럼 안전하고 위생적인 동물은 없답니다."

이쁜이 양과 자라 판매상이 한창 얘기를 하고 있는데, 막무가내의 울음소리가 울려 퍼지기 시작했다.

"아아앙…… 아빠 엄마, 아파 죽겠어. 앙앙……."

갑작스런 막무가내의 울음소리에 다들 깜짝 놀라서 달려가 보았더니 아이의 손가락 끝이 발갛게 퉁퉁 부어오르고 있었다.

"이게 어찌 된 일이니, 막무가내야? 응?"

"엄마…… 난 자라가 예뻐서 쓰다듬어 주었을 뿐인데 저 나쁜 자라가 내 손가락을 꽉 물어 버렸어."

"뭐라고?"

이쁜이 양은 너무나 화가 났다. 분명 자라는 안전한 동물이라고 얘기했던 자라 판매상에게 속았다는 생각이 든 것이다. 이쁜이 양은 당장 막무가내를 병원에 데려간 후, 자라 판매상을 생물법정에 고소했다.

물 밖에 있는 자라가 뭔가를 물고 놓지 않는 것은 일종의 방어 동작입니다.

여기는
생물 법정 | 자라에게 물리면 어떻게 해야 할까요?
생물법정에서 알아봅시다.

생물짱 판사

생치 변호사

비오 변호사

피고 측 변론하세요.

재판장님, 이런 사소한 문제로 재판을 한다는 것은 말이 안 된다고 생각합니다. 수족관에 있는 조그만 자라가 무슨 힘이 있겠습니까? 아이가 자라에게 물렸다고 고소까지 하는 이런 억지가 어디 있습니까? 때로는 아이들이 다치기도 하면서 성장하는 건 당연한 일입니다. 더군다나 아이가 많이 다치기라도 했습니까? 작은 자라에게 물려 봤자 얼마나 아프다고 고소까지 하는지…… 저로서는 요즘 부모님들을 좀체 이해할 수가 없습니다.

원고 측 변론하세요.

저는 대빵신기 서커스 단장인 영웅님을 증인으로 요청합니다.

탄탄한 몸매에 카리스마가 넘치는 눈을 가진 30대 중반의 남자가 증인석에 앉았다.

대빵신기 서커스단에서는 서커스 공연을 할 때 여

러 동물을 활용하는 것으로 들었는데요?

네, 그렇습니다. 저희는 원숭이, 사자, 코끼리들뿐만 아니라 악어, 자라 등 보기 드문 동물들을 서커스 공연에 등장시키고 있습니다.

그렇다면 자라는 어떤 서커스 쇼에 사용되고 있나요?

자라는 끈질긴 성격을 갖고 있어서 한번 문 것은 절대로 놓지 않습니다. 그런 자라의 특성을 활용하여 새로운 쇼들을 매일 선보이고 있습니다.

한번 문 것을 절대 놓지 않는다고 하면, 입으로 무는 힘이 매우 센 것으로 판단되는데, 그 힘이 대체 어느 정도인가요?

자라 몸무게의 10배 정도는 가뿐히 입으로 물어서 들 수 있을 정도입니다.

들으셨습니까? 재판장님. 그래서 새로운 증인으로 대빵신기 서커스단의 자라를 요청하는 바입니다. 물론 새로 요청된 증인은 말은 할 수 없지만 말하는 것 이상의 많은 것들을 보여 줄 것입니다.

이때 도우미가 자라를 가지고 들어왔다.

자, 이것은 4킬로그램의 아령입니다. 자라는 이 아령을 입으로 물 것이고, 제가 이것을 들고 있다가 손을 놓게 되어도 자라가 계속 물고 있는지 여부를 여러분께서 잘 살피시기 바랍니다.

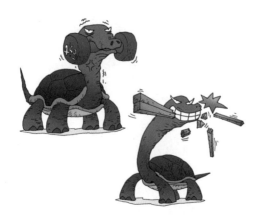

이렇게 자라는 한번 문 것은 절대 놓지 않는다고 합니다. 이것 뿐만이 아닙니다. 지금 제가 보여 드리는 이 나무젓가락을 자라가 입으로 부러뜨리는 모습도 보여 드리도록 하겠습니다.

이렇게 자라는 무는 힘이 다른 동물보다 특출하다고 합니다. 그런데 지금 그런 자라를 아이에게 안전하다고 하시다니요? 자라 판매에만 연연한 판매상의 나쁜 행동이었다고 판단됩니다.

그건 그렇지만…… 아이고…….

그리고 다시 증인인 영웅님께 물어보겠습니다. 자라에 물렸을 때 주위 사람들이 할 수 있는 응급조치 같은 게 없습니까?

있습니다.

뭐죠?

자라를 빨리 물속에 놓아 주면 됩니다.

그럼 물고 있던 것을 놓나요?

그렇습니다. 자라가 물 밖에서 뭔가를 물고 놓지 않는 것은 일종의 방어 동작입니다. 그러나 물속에서는 자라가 빨리 헤엄쳐 도망갈 수 있기 때문에 입으로 문 것을 놓고 얼른 달아나는 것입니다. 또한 코 있는 데까지 물이 차면 입으로 숨을 쉬어야 하므로 물고 있던 것을 놓게 되는 것이지요.

그렇습니다. 이런 응급조치에 대한 설명도 없이 무조건 안전하다고 얘기한 것은 명백한 자라 판매상의 잘못으로 보입니다.

갈수록 애완동물을 기르는 아이들이 많아지는 요즘, 애완동물들에 대한 안전성이 더욱 중요시되고 있습니다. 아이들과 사랑을 주고받게 될 애완동물들은 이제 동물로서가 아닌 가족의 일부가 되어 가고 있습니다. 그러니 무엇보다 애완동물들로부터 아이의 안전성이 확보되어야 할 것입니다. 그러므로 안전에 대한 주의 없이 무분별하게 동물을 파는 데에만 급급했던 자라 판매상은 아이의 치료비는 물론이고, 정신적 피해 보상까지 해야 할 것입니다.

판결은 막무가내에게 치료비뿐만 아니라 정신적 피해 보상비까지 물어 주는 것으로 사건이 마무리 지어졌다. 모든 일은 다 잘되었으나, 아직도 문제 하나가 남아 있었다. 그것은 바로, 막무가내의 치료가 끝나고 집으로 돌아오는 길에 또다시 다른 동물들을 사 달라고 조르는 일이었다.

"엄마, 나 고양이…… 저거 사고 싶어. 응? 사 줘?"

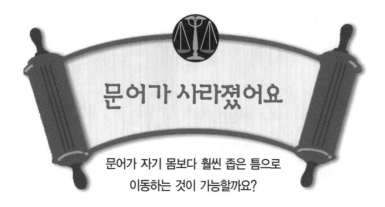

문어가 사라졌어요

문어가 자기 몸보다 훨씬 좁은 틈으로
이동하는 것이 가능할까요?

**사건
속으로**

과학공화국 서부의 중심 도시인 옥토퍼스에는 문어 가게들이 많이 들어서 있다. 처음에는 한 집 두 집 문을 열기 시작하더니 이제는 옥토퍼스 얘기가 나오면 모두 문어 가게를 떠올릴 정도였다.

옥토퍼스의 츄러스 골목에 들어서면 그곳에 가장 유명한 문어 가게가 있다. 바로 '원조 문어 가게' 와 '내가 원조 문어 가게' 이다. 두 집은 나란히 붙어 손님 유치 경쟁으로 늘 싸우면서도 두 가게 모두 워낙 유명하기 때문에 서로 덕을 보는 면도 적지 않았다.

그러던 중, '원조 문어 가게'가 확장 공사를 시작하면서 '내가 원조 문어 가게'에게 솔깃한 제안을 했다.

"두 가게 모두 손님들이 많아 테이블을 늘리는 게 좋을 것 같은데 가게 안에 있는 어항의 크기가 만만치 않단 말일세."

"그건 그렇지만, 어항이 없으면 어떻게 문어를 팔겠는가? 무슨 좋은 생각이라도 있는가?"

"음…… 두 가게 사이에 어항을 놓고 공동으로 쓰는 건 어떨까? 그리고 칸막이를 해서 두 군데로 나눠 놓는 걸세."

"오호, 그거 좋은 생각인걸. 그럼 가게에 손님들도 더 많이 앉을 수 있을 테고. 좋아, 그렇게 하지."

'원조 문어 가게'와 '내가 원조 문어 가게'는 선뜻 이 같은 제안에 동의하였다. 그리고 칸막이 밑에 2센티미터 정도의 틈을 만들어 물이 원활하게 흐를 수 있도록 했다. 물론 틈이 있어서 혹시 문어가 옆집으로 넘어가지는 않을까 걱정했지만, 워낙 큰 문어들이라 두 집 모두 안심하는 분위기였다.

그런데 시간이 지날수록 '원조 문어 가게' 주인은 자꾸 문어들이 줄어드는 것 같다는 생각이 들었다. 결국 이상하게 여기던 주인은 문어들을 세기 시작했다.

"어, 이상하네. 어제 분명 50마리를 넣어 놓았는데, 45마리밖에 없잖아. 틈 사이로 문어들이 넘어갔나 보다."

결국 '원조 문어 가게' 주인은 '내가 원조 문어 가게' 주인을 찾아 갔다.

"여보게, 문어들이 칸막이 틈 사이를 비집고 자네 집으로 넘어갔네."

"그게 무슨 말인가? 그런 말도 안 되는 소리 하지도 말게. 지금 여 기 있는 문어들은 모두 우리 문어들이라고. 그 좁은 틈으로 어떻게 문어들이 넘어온단 말인가? 괜한 억지 부리지 말게."

아무리 '원조 문어 가게' 주인이 '내가 원조 문어 가게' 주인에게 자신의 문어가 틈 사이로 넘어갔다고 얘기해도, 좀체 들어주지 않자, '원조 문어 가게' 주인은 결국 화를 참지 못하고 '내가 원조 문어 가 게' 주인을 생물법정에 고소했다.

문어는 몸통과 다리 사이에 연결된 목 부분의 두께가
틈새보다 작으면 얼마든지 자유롭게 틈 사이를 이동할 수 있답니다.

문어는 어떻게 좁은 틈을 통과할까요?
생물법정에서 알아봅시다.

생물짱 판사

생치 변호사

비오 변호사

🐶 피고 측 변론하세요.

😄 문어에 이름이 적혀 있는 것 보셨습니까? 그 어떤 문어도 이 문어는 '원조 문어 가게' 문어, 이 문어는 '내가 원조 문어 가게' 문어, 이런 식으로 이름이 적혀 있지 않습니다. 그저 자신의 어항에 있는 문어라면 당연히 그 사람의 문어겠지요. 지금 '원조 문어 가게'에서는 '내가 원조 문어 가게'의 어항에 있는 문어가 자신의 문어라는 터무니없는 얘기를 하고 있습니다. 분명 칸막이로 어항을 반으로 나누었습니다. 그러면 당연히 그 칸막이를 기준으로 각각 어항에 들어 있는 게 곧 자기 가게의 문어가 아닙니까? 그러므로 이번 사건에 대해서 '원조 문어 가게'는 터무니없는 주장을 하고 있는 것으로 판단됩니다.

🐶 원고 측 변론하세요.

😠 문어 전문가인 문어발 박사를 증인으로 요청합니다.

문어발 박사가 무덤덤한 표정으로 증인석에 앉았다.

🙂 문어발 박사님.

😎 저…… 개명했는데요, 문어식으로. 하도 동네 꼬마들이 문어발이라고 놀리는 바람에…….

🙂 흠…… 문어식 박사님? 문어식? 흐흐흐…… 아, 죄송합니다. 이 사건에 대해서는 들으셨죠?

😎 네, 듣긴 들었습니다만…….

🙂 그럼 제가 바로 질문하겠습니다. 문어가 작은 틈으로 이동할 수 있습니까?

😎 물론입니다. 우리가 생각하는 것과는 달리 문어는 좁은 틈 사이로 이동이 가능합니다.

😮 말도 안 됩니다. 문어는 몸의 길이가 무려 55센티미터입니다. 근데 고작 2센티미터의 틈으로 문어가 이동하는 것이 가능하다고요?

😎 물론입니다. 문어는 몸통과 다리에 연결된 목 부분의 두께가 틈새보다 작으면 얼마든지 자유롭게 이동할 수 있습니다.

😮 네, 그래서 제가 '원조 문어 가게'와 '내가 원조 문어 가게'에서 파는 문어들을 직접 준비해 왔는데요. 문어식 박사님, 직접 한번 목 부분의 두께를 봐 주시겠습니까?

😎 그러죠, 직접 자로 재 보도록 하겠습니다. 두께가 2센티미터보다 작은 것으로 보아, 충분히 칸막이 사이로 문어의 이동이 가능합니다.

그럼, 문어만 그런 것입니까?

문어와 비슷한 연체동물들은 모두 이런 성질을 지니고 있습니다.

그럼 제가 직접 실험을 통해 보여 드리겠습니다. 여기 2센티미
터의 공간이 있는 칸막이를 준비했습니다. 이곳에다 가져온 문
어를 넣겠습니다. 친애하는 재판장님, 보십시오. 문어가 옆 칸
으로 이동하고 있지 않습니까?

연체동물에게는 충분히 가능한 일이지요. 연체동물인 문어뿐만
아니라 낙지, 오징어도 가능합니다.

이 재판은 끝났군요. 모든 게 문어식 교수님 때문에…… 흐흐
흐, 죄송합니다. 여하튼 바쁜 중에도 증인으로 서 주신 교수님
께 감사드립니다.

여러 가지 상세한 실험과 설명을 통해 이제 피고 측도 쉽게 자
신의 잘못을 수긍할 것 같군요. 분명 원고의 문어가 '내가 원조
문어 가게'에 넘어갔을 충분한 가능성이 있는 것으로 보고, '내
가 원조 문어 가게'에서는 원고의 문어들을 돌려주어야 할 것입
니다. 가게를 운영하는 데 있어서 무엇보다 중요한 것은 양심적

으로 일을 하는 것입니다. 고객에게는 물론이고, 동료 상인들에게도 역시 양심적인 가게 운영은 매우 중요합니다. 자신의 눈앞에 보이는 이익에만 급급한 나머지, 다른 이들을 배려하지 않는 상도덕은 없어져야만 할 것입니다. 그렇기 때문에 '내가 원조 문어 가게'는 '원조 문어 가게'의 문어를 돌려줄 뿐만 아니라, 일주일 동안 '원조 문어 가게'의 일을 도와줄 것을 판결합니다.

'내가 원조 문어 가게'는 '원조 문어 가게'에서 넘어온 문어를 자신의 문어인 양 행세하다가 결국 자신의 가게는 쉬고 남의 가게를 돕게 되는 불쌍한 신세가 되고 말았다.

수놈 해마가 새끼를 낳는
다고요?

수놈 해마가 새끼를 낳는 장면을
찍어 논문을 쓴 이해마 씨에게
잘못이 있을까요?

**사건
속으로**

이해마 씨는 해마 마니아이다. 그는 3년 전, 바다에서 스쿠버다이빙을 하다가 머리가 말처럼 생기고 똑바로 선 채로 헤엄치는 해마를 본 뒤에 자신의 이름도 이해마로 바꾸는 등 해마에 푹 빠져서 해마에 대한 연구를 계속해 오고 있다.

그는 이미 해마에 관한 수십 편의 논문을 냈고 최근에는 《해마의 일생》이라는 책을 출간했는데 그 책은 일약 베스트셀러가 되었다.

그는 해마에 대한 공화국 최고의 전문가로 해마 관련 세미나에 여러 번 초청되기도 하였다. 그런 그가 해마가 알을 낳고 기르는 모습을 관찰하기 위해 다시 바다를 찾았다.

그는 해마가 많이 살고 있는 남부 해안에 텐트를 치고 하루 20시간 바다 속에 들어가 해마의 모든 행동을 수중 카메라에 담았다.

그런데 이상한 일이 벌어졌다.

수놈 해마가 새끼를 낳는 장면을 목격한 것이었다.

"수놈이 세끼를 낳다니…… 이럴 수가!"

그는 깜짝 놀라 그 장면을 비디오에 담아 자신의 홈페이지에 올렸다. 그리고 생물 중에는 해마와 같이 수놈이 새끼를 낳는 것도 있다는 글도 함께 올렸다.

그러자 생물학회에서는 세상이 수만 번 변해도 수놈이 새끼를 낳는 일은 결코 있을 수 없다며 이해마 씨를 논문 사기 혐의로 생물법정에 고소했다.

암컷 해마가 수컷 해마의 육아낭에 알을 낳으면
수컷 해마가 육아낭 속에 보호하고 있다가 알이 부화되면 밖으로 내보냅니다.

해마는 수놈도 새끼를 낳을까요?
생물법정에서 알아봅시다.

생물짱 판사

생치 변호사

비오 변호사

피고 측 변론하세요.

판사님, 현대에 시조새가 있다면 믿으시겠습니까?
그런데 만약 눈앞에서 시조새가 직접 날아가는 광
경을 목격하셨다면 믿을 수밖에 없겠죠. 이와 마찬
가지로 지금 생물학회에서는 수놈이 애를 낳는 일
은 결코 있을 수 없다고 주장하지만, 만약 직접 해
마의 수놈이 지금 여러분들이 지켜보는 앞에서 알
을 낳는다면 누구나 인정할 수밖에 없을 것입니다.
이해마 씨는 직접 수놈이 새끼를 낳는 것을 보았습
니다. 우연히 본 것에 그치지 않고 그 상황을 비디
오카메라로 담는 큰 쾌거를 이루어 내기까지 했습
니다. 그런데 지금, 사기죄로 고소를 당해 법정에
서 있습니다. 생물학회에서 상을 줘도 모자란 마당
에 이해마 씨를 사기꾼으로 몰아세우는 것 자체가
말도 안 되는 부당한 일이라고 봅니다.

원고 측 변론하세요.

해마연구소장인 시호스 박사를 증인으로 요청합니다.

길쭉한 얼굴에 근엄한 표정의 시호스 박사가 증인석에 앉았다.

🧑 해마연구소는 어떤 곳입니까?

🧑 학회에서 최고의 수재라 불리는 연구진들을 모아 직접 해마를 기르고 탐구하는 곳입니다. 뭐, 그중에서도 제가 가장 똑똑한 인재라고 감히 말씀드릴 수 있습니다. 허허허.

🧑 지금 중요한 입장에 서 계신다는 사실을 잊지 마시고, 묻는 말에 진실만을 말해 주시기 바랍니다. 정말 해마는 수놈도 새끼를 낳습니까?

🧑 허허…… 그럴 리가요? 새끼를 낳으면 암놈이라고 하지 왜 수놈이라고 했겠어요?

🧑 하긴…… 그럼, 이해마 씨가 비디오를 조작했을 수도 있다는 말인가요? 그 비디오에서는 분명 수놈 해마가 새끼를 낳고 있었는데…….

🧑 그건 아마 육아낭에서 새끼가 나오는 장면이 촬영된 것일 겁니다.

🧑 육아낭? 그게 대체 뭡니까?

🧑 육아낭은 '새끼를 키우는 주머니' 라는 뜻이죠.

🧑 아, 캥거루의 주머니 같은 것이로군요.

🧑 그렇습니다. 하지만 캥거루의 경우, 육아낭을 암컷이 가지고 있지만 해마는 수컷의 배 바깥쪽에 있습니다.

🧑 그럼 여기서 중요한 것은 육아낭 속의 알이 대체 어디서 만들어

졌는가 하는 것이겠군요.

아, 그런 거라면 제가 설명해 드리죠. 보통 물고기들은 암컷이 알을 물속에 떨어뜨립니다. 하지만 해마의 암컷은 다르지요. 수 컷 해마가 알을 잘 길러 주는 육아낭을 가지고 있으니까 암컷 해마는 알을 수컷 해마의 육아낭에 낳지요. 그러면 수컷 해마는 알을 자신의 육아낭 속에 잘 보호하고 있다가 깨어나면 밖으로 내보내는 것입니다.

그럼, 비디오 조작이 아니라 이해마 씨가 수컷이 육아낭에서 부화한 알을 내보내는 것을 보고 새끼를 낳는 것이라 오해했던 것이라 할 수 있겠군요.

네, 아마도 그런 것으로 보이는군요. 만약 해마 수컷이 새끼를 낳는 경우가 있다고 하면 저희 해마연구소 수재들이 절대로 그 광경을 놓쳤을 리 없죠.

뭐, 이제 이 정도면 충분히 재판에서 이길 것 같군요. 제 얘기는 여기까지입니다. 이상입니다.

이번 사건은 해마에 대한 지나친 관심으로 너무 쉽게 행동하고 판단해 버린 이해마 씨의 실수로 보입니다. 과학적 논문이라는 것은 한번 발표되기까지 무수한 연구와 그에 대한 탐구가 필요한 법인데, 그런 과정 없이 섣불리 논문을 게재하고 과학적 오류를 범한 이해마 씨에게 그 잘못이 있다고 판단됩니다. 분명히 다른 협회로부터 논문 철회나 과학적 반론을 요구하는 소리를 들었을 텐데 고집스럽게 자신의 과학적 지식만을 내세운 점에 잘못이 있다고 보고, 당장 이해마 씨는 논문을 철회할 것과 과학계에 혼란을 준 것에 대한 사과문을 써서 각 기관에 보낼 것을 명하는 바입니다.

재판은 생각보다 쉽게 끝이 났다. 이해마 씨도 해마에 대해 부족했던 지식을 부끄러워했으며, 기꺼이 논문을 철회하고 사과문을 보냈다. 특히 해마연구소에 보낸 사과문은 읽는 사람을 웃음 짓게 만들었다.

'잘못된 오류를 범해 물의를 일으킨 점에 대해 사과드립니다. 하지만 해마를 향한 저의 뜨거운 마음은 변함이 없습니다. 해마를 정말 사랑합니다. 그래서 전 해마연구소에 들어가기로 결심했습니다. 그럼 제가 그곳 직원으로 들어가서 함께 일할 수 있는 날이 올 때까지 모두 건강하십시오.'

바다 속 동물

물고기는 어떻게 짠 바닷물 속에서 살 수 있을까요?

사람은 바닷물을 먹고 살 수 없습니다. 소금이 너무 많이 들어 있기 때문이지요. 사람들이 바닷물을 계속 마시면 혈액 속의 염분보다 바닷물의 염분이 많기 때문에 위와 장에서 염분을 흡수하게 됩니다. 이렇게 계속 바닷물을 마시게 되면 혈액 속의 염분은 점점 많아진답니다. 혈액을 구성하는 적혈구와 백혈구들은 얇은 막으로 둘러싸여 있는데 이 혈구들 속의 수분은 농도가 짙은 혈액 쪽으로 빠져 나가게 되고 수분을 빼앗긴 혈구는 결국 죽게 되지요. 그래서 사람들은 바닷물을 먹고 살 수 없어요.

그럼 물고기는 어떻게 짠 바닷물 속에서 살 수 있을까요? 그것은 물고기들이 아가미를 가지고 있기 때문입니다. 아가미는 포유동물들의 폐처럼 물에서 녹은 산소를 체내로 들여보내고 체내에서 만들어진 이산화탄소를 물속으로 배출하는 역할을 하지요. 그런데 이 아가미는 바닷물 속의 소금을 걸러 내고 물만 흡수할 수 있는 기능을 가지고 있습니다. 그래서 짠 바닷물 속에서도 물고기들이 살 수 있는 것이랍니다.

물고기들도 잠을 잘까요?

물고기들도 분명히 잠을 잡니다. 다만 사람처럼 눈꺼풀이 있는 게 아니라서 눈을 뜬 채로 잠을 자는 것이지요. 잠자는 시간과 잠자는 모습은 물고기마다 다릅니다.

밤에 자는 물고기로는 송어, 잉어, 망둥이 등이 있고 낮에 자는 물고기로는 광어, 가자미 등이 있습니다. 민물고기들은 모래나 바위 틈새에 몸을 숨기고 잠을 자지만 큰 바다에 사는 물고기들은 무리를 지어 끊임없이 움직이므로 헤엄을 치면서 잠깐씩 잠을 잡니다.

고래는 물고기인가요?

고래는 바다에 살지만 물고기들과는 다릅니다. 고래는 물고기가 아니니까요. 그럼 고래는 어떤 동물일까요? 물고기들은 모두 알을 낳지요. 하지만 고래는 알을 낳은 것이 아니라 새끼를 낳기 때문에 사자나 호랑이 같은 젖먹이 동물(포유류)입니다.

옛날에는 고래도 다리가 있었다고 합니다. 그런데 물에서 살게 되면서 다리를 사용하지 않게 되자 다리가 점점 지느러미로 바뀌게 된 것입니다.

그럼 고래는 어떻게 물속에서 숨을 쉴까요? 물론 고래는 아가미를 가지고 있지 않기 때문에 물속에 녹아 있는 산소를 체내로 보낼 수 없습니다. 고래도 사람처럼 콧구멍을 통해 폐로 호흡을 하는 포유류니까요. 그런데 고래가 물속에 들어갈 때는 콧구멍이 닫힌답니다. 그러니까 콧구멍으로 물이 들어

가지 않지요. 그리고 고래의 근육 속에는 산소를 저장할 수 있는 미오그로빈이라는 물질이 많이 들어 있습니다. 그래서 물속에서 45분 정도나 잠수한 채 있을 수 있습니다. 하지만 그 시간이 지나면 다시 산소를 마시기 위해 수면 위로 올라와야 하지요.

고래는 왜 바닷물을 내뿜나요?

고래가 바닷물을 내뿜는 것은 고래가 콧구멍으로 숨을 쉬는

난 물고기와 같은 어류가 아니라 포유류예요.

현상입니다. 추운 겨울 아침에 숨을 내쉬면 하얀 김이 나오는 것과 비슷한 원리이지요.

항상 체온이 일정한 온도로 유지되는 젖먹이 동물들이 내쉬는 숨에는 많은 수증기를 포함하고 있는데 이것이 차가운 외부 공기와 만나 물방울로 바뀌게 되는 것이지요.

전기뱀장어는 어떻게 전기를 띠나요?

전기뱀장어는 남아메리카의 강에 사는 물고기로, 큰 것은 길이가 2.7미터, 몸무게가 22킬로그램이나 됩니다. 이 물고기의 가장 큰 특징은 아주 센 전기를 발생한다는 것입니다. 전기뱀장어는 이 전기 충격으로 적을 물리치거나 작은 동물을 기절시켜 잡아먹습니다.

전기뱀장어는 몸의 양쪽에 세 쌍의 발전 기관을 가지고 있습니다. 이 발전 기관에서 전기를 방전시킬 수 있는데, 그 세기는 사람이 목숨을 잃을 정도라고 합니다.

그러나 전기뱀장어는 계속 높은 전압을 낼 수 있는 것은 아니고, 방전이 거듭되는 동안 전압이 점점 떨어집니다.

수컷이 암컷으로 변하는 물고기도 있나요?

감성돔이라는 물고기는 어린 고기일 때는 모두 수컷이었다가 어느 정도 자라게 되면 반 이상이 암컷으로 변합니다.

또한 관상용 열대어인 소드테일이라는 물고기는 반대로 어린 고기일 때는 모두 암컷이었다가 자라면서 일부가 수컷으로 바뀝니다. 어떤 열대어는 이와 같은 성전환을 여러 차례 반복하는 것도 있습니다.

날짐승에 관한 사건

앵무새의 미각 _ 앵무새와 청양 고추
앵무새는 어떤 기관으로 맛을 느낄 수 있을까요?

타조의 청각 _ 헬멧 쓴 타조
달리기 경기를 하는 타조에게 헬멧을 씌우는 것이 타조를 위한 일일까요?

포유류와 조류의 특성 _ 박쥐는 새인가 아닌가?
박쥐의 어떤 특성이 논문 발표 대회에서 문제가 되었을까요?

앵무새와 청양고추

앵무새는 어떤 기관으로
맛을 느낄 수 있을까요?

**사건
속으로**

　생물법정의 비오 변호사 앞으로 반가운 편지 한 통이
전달되었다. 오랜만에 고등학교 동창생인 가루 씨로부터
온 편지였다.

친구 오랜만일세. 잘 지내고 있는가? 오랫동안 편지를 쓸까
말까 고민만 하다가 이제야 결국 자네에게 편지를 쓰는 걸
세. 물론 내가 자네에게 무언가를 부탁하려고 쓰는 건 아니
네만, 궁금한 게 있어서 이렇게 글을 쓴다네. 요즘 난 고추

를 파는 장사를 하고 있다네. 그냥 고추가 아니라 맵기로 소문난 청양 고추 말일세. 어떻게 하다 고추를 팔게 되었냐 하면, 실은 어떤 아는 분을 만나 녹차 빙수를 먹고 있는데 문득 이런 생각이 들지 않았겠나. '이렇게 녹차 가루가 어떤 음식에든 들어가는데, 고춧가루도 모든 음식에 들어갈 수 있게 보편화해 보는 건 어떨까?' 그래서 직접 청양 고추를 사다가 고춧가루로 빻아 시판용 고춧가루를 만들고 있다네. 그런데 실은 내가 요즘 골칫거리에 시달리고 있다네. 분명 내가 직접 가락 농수산물 시장까지 가서 좋은 청양 고추들을 가득 사 오게 되면, 이상하게도 그 양이 줄어든단 말일세. 처음에는 앞집에서 장사를 하는 '화끈 고추 가게'를 의심했는데, 아무리 살펴봐도 그런 낌새는 없단 말일세. 그러다 혹시나 하고 잠깐 가게 밖으로 나와 몰래 살펴보는데, 우리 가게 바로 옆 '꾀꼬리 앵무새 가게'에 범인이 있었던 거야. 앵무새 가게 주인이 고추를 훔쳐 갔냐고? 아니, 그럼 다행이게? 문제는 앵무새들을 자유로이 풀어 두는 시간이 있는데, 그때 앵무새들이 와서 고추를 쪼아 먹는 것일세. 나도 믿기지 않는데 하물며 사람들이라고 믿겠는가? 앵무새가 고추를 먹다니! 그래서 이러지도 저러지도 못하고 있네. 고소를 하고 싶은데 그래도 되는지 그것도 잘 모르겠고⋯⋯ 아무튼 자네의 답변을 기다리겠네.

비오 변호사는 얼른 가루 씨에게 전화를 했다. 그러고는 확신에 차서 얘기했다.

"이런 나쁜 앵무새들을 보았나. 그리고 앵무새 주인은 대체 뭘 하고 있었던 거야. 이번 재판에서 자네를 돕고 싶네."

결국 가루 씨는 비오 변호사의 말에 힘입어, 사람들이 믿기 힘든 이 놀라운 사건의 주인공인 앵무새들을 생물법정에 고소했다.

사람은 혀로 맛을 느끼지만 앵무새는 입천장 뿌리에서 맛을 느끼므로
매운 청양 고추를 잘 먹습니다.

여기는
생물 법정

앵무새는 매운 청양 고추를 좋아할까요?
생물법정에서 알아봅시다.

생물짱 판사

생치 변호사

비오 변호사

🙂 피고 측 변론하세요.

🙂 새를 키우는 사람이라면 다들 잘 알고 있을 것입니다. 새는 우리들의 친구입니다. 특히 앵무새라면 더더욱 그렇죠. 사람들을 위해 아름다운 노래를 부를 뿐만 아니라 사람들의 말을 따라하며 재롱도 곧잘 피우는 앵무새는 정말 많은 이들의 사랑을 받고 있는 선호도 1위의 새란 말입니다. 그런데 그렇게 품위 있고 고상한 자태의 앵무새가 고추를 먹는다니요? 사람들도 고추를 먹으면 얼굴이 빨개지고 물을 벌컥벌컥 마셔야 하는데, 새들은 오죽하겠습니까? 앵무새가 고추를 먹었다는 건 말도 안 되는 이야기입니다. 차라리 쥐가 고추를 훔쳐 갔다는 것이 더 수긍이 가는 말이지요. 지금 원고 측에서는 자신의 고추가 점점 안 팔리자, 사람들의 관심을 끌기 위해 자작극을 벌이고 있다는 것이 본 변호사의 생각입니다.

🙂 원고 측 변론하세요.

🙂 누구나 믿기 힘든 일이라는 것은 압니다. 저도 아마

이분을 만나지 않았다면, 믿지 않았을 테니까요. 그래서 저는 이 자리에 조로 동물원 왕왕이 사육사 팀장을 증인으로 요청하는 바입니다.

동물원의 사육사라고는 믿을 수 없을 만큼 말끔한 사내가 증인석에 앉았다.

🙂 앵무새는 사람 말을 흉내 내는 새 아닌가요?

😐 맞습니다. 그건 유치원생들도 알고 있는 얘기인데 설마 그걸 물어보시려고 부르신 겁니까?

🙂 아, 아닙니다. 제가 진짜 물어보고 싶은 건 다른 것입니다. 제가 알기로 앵무새는 먹는 것에 관한 한 특별한 무언가가 있다고 들었는데요.

😐 네, 그렇습니다. 남미 앵무새의 경우 이상한 식성을 가지고 있기는 합니다.

🙂 그게 뭐죠?

😐 앵무새는 주로 과일이나 채소를 먹습니다. 하지만 매운 것도 아주 잘 먹지요. 특히 앵무새가 좋아하는 것 중 하나로는 맵기로 소문난 청양 고추입니다.

🙂 청양 고추라고요? 이런 말도 안 되는 경우가 어디에 있습니까? 그렇게 매운 것을 앵무새가 먹고도 입이 괜찮단 말입니까?

물론입니다. 사람들은 맛을 혀로 느끼지만 앵무새는 혀로 느끼지 않거든요.

그럼 앵무새는 대체 어디로 맛을 느끼죠?

앵무새는 입천장 뿌리에서 맛을 느낍니다. 그래서 아무리 매운 음식을 먹어도 매운맛을 느끼지 못하지요.

그래서 앵무새는 청양 고추를 좋아할 수 있는 거군요. 그걸 매운 줄도 모른 채 그냥 먹는 거로군요.

네, 그렇다고 할 수 있지요.

그렇다면 다른 동물들도 청양 고추를 좋아할까요?

그렇지는 않습니다. 실험을 하나 보여 드리도록 하죠. 여기 있는 동물은 원숭이 몽이입니다. 저희 동물원의 재간둥이라고 볼 수 있죠. 몽아…… 자, 이거 먹으렴. 보셨지요? 원숭이는 사람처럼 매운 음식을 먹고 고통스러운 표정의 반응을 보입니다.

판결하겠습니다. 우리는 이번 재판을 통해 남미 앵무새가 매운 맛을 잘 못 느껴 청양 고추를 좋아한다는 사실을 알게 되었습니다. 어찌 되었든 청양 고추가 사라진 것은 앵무새 때문이므로 앵무새 주인은 그동안 앵무새가 먹은 청양 고추 값을 변상하는 것으로 이번 사건을 판결하는 바입니다.

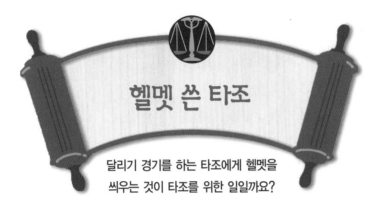

헬멧 쓴 타조

달리기 경기를 하는 타조에게 헬멧을
씌우는 것이 타조를 위한 일일까요?

**사건
속으로**

　과학공화국의 쥬만지 시에는 타조 달리기 경기장이 있
다. 타조 달리기 경기장은 쥬만지 시가 벌이는 사업 중에
새롭게 벌이는 큰 사업이었다.

　옆 도시인 헨스턴 시가 경마 사업으로 큰돈을 벌자, 이
에 지지 않기 위해 쥬만지 시에서 새로 내놓은 아이템인
것이다. 말들이 경주하는 것을 보고 몇 번 말이 1등을 할
지 예상한 다음, 그 말에 돈을 걸고 우승 말을 맞추는 경
마 게임에 지겨움을 느낀 사람들이 타조 달리기 경기로

관심을 돌리는 분위기였다. 타조 달리기 경기는 타조들이 먼저 달리면 그 뒤를 사자가 뒤쫓아 가장 늦게 달리는 꼴등 타조를 잡아먹는 스릴 넘치는 경기 진행 때문에 많은 사람들의 관심이 집중되었다.

이 분위기를 타서 쥬만지 시의 시장인 몬스터 씨도 타조 달리기 경기에 투자를 하기로 결심했다. 그래서 가장 먼저 타조를 산 후, 잘 달릴 수 있도록 끊임없이 타조를 훈련시켰다. 이 타조가 1등을 하기만 한다면 시장을 하는 것보다도 더 많은 영광이 뒤따랐기 때문이었다. 그러던 중, 옆집 스마트 씨를 우연히 만나게 되었다.

"몬스터 시장님, 요즘 타조 달리기 사업에 뛰어드셨다면서요?"

"하하하, 벌써 소문이 거기까지 간 건가? 요즘 타조 훈련시키는 것 때문에 정신없이 바쁜 하루를 보내고 있지."

"실은 제가 기발한 생각을 하나 했는데, 시장님께만 알려드리려고요. 쉿! 이건 비밀이에요. 아무에게도 말하지 마세요. 타조에게 한번 헬멧을 씌어 보세요. 그럼 타조가 달리다가 혹시 넘어지더라도 부상을 예방할 수 있습니다. 그럼 다음 경기를 뛰는 데도 지장을 주지 않을뿐더러 타조가 헬멧에 잘 적응만 한다면 이건 거의 보험 상품이나 다름없는 셈이죠."

"오호, 그런 아이디어가 있었구먼. 고맙기도 하지. 그렇게 되면 타조가 다칠 염려도 없고…… 그거 좋은 생각이로군."

몬스터 시장은 선뜻 그 아이디어를 받아들여, 타조에게 씌울 헬멧을 제작했다.

'헬멧을 쓰지 않은 상태에서도 저렇게 잘 뛰니까 꼴등 할 일은 없을 테고, 분명 사자가 뒤에서 쫓아오면 더 잘 뛸 수 있을 거야. 그리고 일단 튀는 외모로 사람들의 관심을 한 몸에 받겠지.'

그렇게 몬스터 시장이 기다리며 준비한 경기가 드디어 시작되었다. 그러나 이게 웬일인가? 뒤에 사자가 있는데도 타조는 열심히 뛰지 않고 여유롭게 걷고 있는 게 아닌가? 몬스터 시장의 표정이 순간 굳어져 버렸다. 평소에는 잘 뛰던 타조가 제 뒤에 사자가 있는데도 불구하고 필사적으로 달릴 기미를 보이지 않는 것이었다. 결국 몬스터 시장의 타조는 순식간에 사자에게 잡아먹히고 말았다.

시장은 화가 났다. 스마트 씨가 자신을 속인 것만 같았다. 그래서 결국 시장은 스마트 씨를 생물법정에 고소하였다.

타조는 눈으로는 앞에 있는 적을 보고 뒤통수에 있는 귀로는
뒤에서 공격하는 동물의 소리를 들으면서 도망칩니다.

여기는	타조에게 헬멧을 씌우면 어떻게 될까요?
생물법정	생물법정에서 알아봅시다.

생물짱 판사

생치 변호사

비오 변호사

😐 피고 측 변론하세요.

😠 스마트 씨는 타조 달리기 경기를 위한 좋은 생각이 하나 떠올랐습니다. 누가 그런 걸 생각이나 했겠습니까? 타조는 달리기 경주 도중 달리다가 넘어질 수도 있습니다. 그때 헬멧을 쓰게 되면 넘어져도 충격이 덜하겠지요. 게다가 헬멧을 쓰고 달리기를 하게 되면 모든 사람들의 관심이 그 타조에게 쏠릴 것입니다. 그렇게 되면 모든 이의 관심을 한 몸에 받게 되는데 이 얼마나 멋진 일입니까! 하지만 몬스터 씨의 타조는 평소에는 달리기를 잘했다고 하나, 그날 경기에서는 뒤에 사자가 달려오는데도 뛸 생각을 전혀 하지 않았습니다. 그것은 훈련을 잘못시킨 몬스터 씨의 잘못이지요. 분명 훈련이 잘 되어 있는 타조에게 헬멧을 씌웠더라면, 안전했을 뿐만 아니라 모든 이들의 관심 속에서 1등을 했을 겁니다. 그런데 막상 몬스터 씨의 타조가 꼴등으로 달려 죽게 되자, 지금 몬스터 씨는 그 책임을 스마트 씨에게 전가하고 있는 것입니다.

🙂 일리 있는 말이군요. 그럼 원고 측 변론하세요.

😀 물론 사람들은 충분히 오해할 수도 있을 것입니다. 지금 몬스터 씨가 자신의 타조가 죽은 것에 대한 책임을 스마트 씨에게 전가하려고 한다고 해서 이 자리에 타조 달리기 경기 창립자이신 롱다리 씨를 증인으로 요청하는 바입니다.

　다리가 길어서 그런지 유난히 청바지가 짧아 보이는 롱다리 씨가 성큼성큼 증인석에 가 앉았다.

😀 롱다리 씨는 타조 달리기 경기의 창립자가 맞으시죠?

😃 네, 그렇습니다. 타조 달리기 경기의 인기가 자꾸 높아져서 요즘은 눈코 뜰 새 없이 바쁜 하루를 보내고 있지요. 아마도 매니저를 두고 일정을 관리해야 할까 봐요.

😀 아, 그러시군요. 제가 바쁜 롱다리 씨를 굳이 이 자리에 모신 것은 이번에 있었던 경기에서 헬멧을 쓰고 경주에 임한 타조 때문입니다. 혹시 그 경기를 보셨나요?

😃 네, 물론 보았습니다. 정말 어이없는 경기였죠. 무슨 생각으로 타조에게 헬멧을 씌우고 뛰게 한 것인지…….

😀 아, 그 말씀은 이번 타조의 죽음이 헬멧과 관계가 있단 말씀이신가요?

😃 그럼요, 당연히 있습니다.

그저 타조에게 헬멧을 씌웠을 뿐인데, 왜 타조의 죽음과 헬멧이 관계가 있단 말인가요? 그 이유는 뭐죠?

타조의 귀는 다른 동물들과는 다른 위치에 있습니다.

예? 귀는 얼굴 바로 옆에 붙어 있는 게 아닌가요?

대부분의 동물들은 그렇지요. 하지만 타조의 귀는 뒤통수에 있습니다.

귀가 뒤통수에 있다고요? 뒤통수에요?

네, 타조는 적의 공격으로부터 빨리 도망치기 위해 지금의 모습으로 진화된 것이지요. 눈으로는 앞에 있는 적을 보고, 뒤통수에 있는 귀로는 뒤에서 공격해 오는 동물의 소리를 들으면서 도망친답니다.

그렇군요. 그렇다면 이번 사건에서 헬멧을 쓴 몬스터 씨의 타조가 죽은 이유는 뒤통수를 감싼 헬멧이 타조의 귀를 가려 뒤에서 쫓아오는 사자의 소리를 듣지 못했기 때문이겠군요.

네, 그렇다고 볼 수 있습니다.

생치 변호사 어떻습니까? 이래도 헬멧을 씌우자고 제안한 스마트 씨의 생각과 몬스터 씨 타조의 죽음이 관계없다고 생각하시나요?

…….

여기까지입니다, 판사님.

사람이든 동물이든 위기를 느낄 수 있어야 도망칠 수 있습니다.

타조의 귀는 뒤통수에 있는데 그 부분이 헬멧으로 가려져 달려오는 사자의 소리를 못 들어 죽게 되었다면, 이는 타조에 대한 생물학적 이해 부족으로 인해 발생한 사건으로 생각됩니다. 앞으로 타조에게 헬멧을 씌우더라도 뒤통수의 귀를 가리지 않는 헬멧을 사용할 것을 권고합니다.

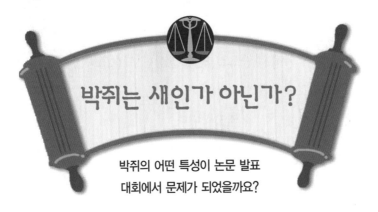

박쥐는 새인가 아닌가?

박쥐의 어떤 특성이 논문 발표
대회에서 문제가 되었을까요?

**사건
속으로**

　과학공화국에서는 각 학회마다 그 개성이 매우 강한
편이다. 특히 논문 발표 대회가 다가오면 각 학회 사이의
긴장감은 더욱 고조되었다.

　올해 브리즈 시에서 논문 발표 대회가 열리게 되었다.
새로운 애완동물에 대한 관심이 높아지는 것을 반영해
이번 논문의 주제는 '애완동물'이었다.

　새로운 것을 추구하는 요즘 아이들은 강아지나 고양
이, 앵무새와 같은 애완동물을 식상하게 생각하고 새로

운 동물들에 대해 관심을 갖고 있었다. 특히 엽기적인 것들이 새로운 애완동물 시장을 개척하고 있었는데, 목도리도마뱀이나 전기뱀장어 같은, 예전에는 감히 상상도 할 수 없었던 동물들이 애완동물로 각광 받고 있는 것이었다.

올해는 이 같은 추세에 대해 각 학회의 반응과 대처 방안, 새로운 애완동물에 대한 제시 등을 논의하는 자리였다.

그런데 브리즈 시는 논문 발표 대회를 한 달여 앞두고 포유류학회 와 조류학회를 갑작스레 호출했다. 두 학회는 어리둥절했지만 일단 회의 장소에 모였다.

"저희 논문 대회 측에서 이렇게 두 학회를 모두 부른 이유는 이번 에 두 학회에서 다룬 주제가 서로 같아 부득이 한쪽에서 다른 새로운 주제를 제시해야 하기 때문입니다. 학회에서 똑같은 주제로 두 개의 논문이 나온 것은 유례없는 일이기에 아무래도 두 학회 사이의 조정 이 필요할 것 같아 이렇게 급히 부르게 되었습니다."

"아니, 그럼 포유류학회에서도 우리와 같이 새로운 애완동물로 박 쥐를 내세웠다 이겁니까?"

"네, 조류학회와 포유류학회가 '박쥐는 조류다, 포유류다'라고 주장 하는 바람에 심사위원 측도 지금 어느 쪽에 손을 들어야 할지 몰라 논문 심사가 더욱 느려지고 있습니다."

"조류학회! 지금 장난하는 거요? 박쥐는 당연히 포유류인데, 지금 조류학회에서 애완동물로 포유류인 박쥐를 제시하다니, 이게 말이나 되는 소리요?"

"그게 무슨 소리요, 날아다니는 박쥐가 포유류라니요? 당연히 조류지요. 그런 무식한 학회가 어디 있단 말이요. 자신의 학회에 어떤 동물이 속하는지도 제대로 알지 못하다니, 박쥐는 조류니까 당연히 우리의 논문 주제로 채택하는 게 맞지 않소."

"작년에는 포유류학회에서 연구하라고 해 놓고서 이제 와서 발뺌하는 거요, 뭐요?"

"작년에는 우리 조류학회가 워낙 조사해야 할 게 많고 바쁜 학회이다 보니, 한번 포유류학회에서 연구해 보라고 봐 준 것이고, 올해는 박쥐에 대한 논문을 우리가 맡아야겠소."

"이런 말도 안 되는 소리를…… 지금 조류학회에서 연구해 놓은 논문이 없으니, 그냥 박쥐로 밀어붙여 보겠다 이거요?"

두 학회는 서로 한 치의 양보도 없었다. 논문 심사는 다가오는데, 두 학회 모두 자신의 입장을 굽히지 않았다. 결국 브리즈 시는 두 논문 모두 같은 주제로 심사하는 것이 맞지 않다는 결론을 내리고, 논문 발표 대회에서 두 학회 모두를 탈락시켰다. 탈락 소식을 듣고 화가 난 포유류학회는 너무 억울하다며, 브리즈 시 논문 발표 대회 측에도 진정서를 냈고, 조류학회 쪽을 상대로 고소하였다. 결국 이 사건은 생물법정으로 넘어가게 되었다.

조류와 포유류를 구분하는 가장 큰 기준은
바로 알을 낳느냐 새끼를 낳느냐 하는 것입니다.

박쥐는 포유류일까요? 조류일까요?
생물법정에서 알아봅시다.

생물짱 판사

생치 변호사

비오 변호사

 이 사건은 과학학회에서도 큰 관심을 보이고 있는 것으로, 이번 판결에 따라 새로운 동물 체계가 세워질 수도 있으니 두 변호사 모두 특히 신경 써 주시기 바랍니다. 그럼, 피고 측 변론하세요.

박쥐는 어떤 동물입니까? 일단, 날 수 있습니다. 그리고 어두컴컴한 동굴에서 살고, 영화에서 보면 늘 음흉한 분위기를 자아낼 때마다 등장하곤 하죠. 그렇다면 왜 영화에서 박쥐는 늘 날아만 다닐까요? 떼를 이뤄 어두운 하늘을 날아가는 장면만 봐도 우리는 섬뜩함을 느낍니다. 제가 말하고자 하는 것은 바로 이겁니다. 만약 박쥐가 포유류였다면 우르르 걸어 나오거나 뛰어나와야 하지 않습니까? 흡혈귀가 등장할 때 박쥐들이 저 먼 하늘을 향해 날아가는 것이 아니라 우르르 뛰어나가야 하는 게 맞지요. 하지만 우리는 그런 장면을 상상조차 할 수 없습니다. 그 말은 고로 누구나 박쥐가 난다는 것을 알고 있단 말입니다. 하늘을 나는 게 새가 아니고 또 뭡니까?

🧑 지금 그걸 말이라고 합니까? 그럼 사람도 날면 새란 말입니까?

👩 원고 측 흥분하지 마시고 차분히 변론하도록 하세요.

🧑 아, 죄송합니다. 제가 너무 흥분해서…… 그럼 일단 흡혈귀 및 박쥐 연구에 30년간 몰두하고 계신 블러드 박사님을 증인으로 요청합니다.

긴 망토를 걸치고, 삐삐 마른 체형의 블러드 박사가 증인석에 앉았다. 물론 그 와중에 다들 '진짜 흡혈귀인걸' 하며 수군대는 소리가 들렸지만, 그는 아랑곳하지 않았다.

🧑 블러드 박사님, 박사님은 현재 어떤 연구를 하고 계시죠?

🧛 저는 그저 흡혈귀가 좋아서 박쥐, 피, 십자가 등 흡혈귀에 관련된 모든 것을 연구하고 있습니다. 뭐, 예를 들면 흡혈귀가 어디를 물어야 사람들이 고통을 느끼지 않고 죽는가라든가…….

🧑 아, 박사님. 그런 설명은 다음에 듣도록 하죠. 지금 제가 궁금한 것은 박쥐가…….

🧛 박쥐라면 황금 박쥐가 최고지요.

🧑 아, 그게 아니라…… 실은 박쥐가 포유류인가 조류인가를 여쭤보려고 합니다.

🧛 그 문제라면 아주 간단하죠. 박쥐는 포유류일까요? 조류일까요? 뭘까요?

증인, 변호사의 말에 진지하게 대답해 주시기 바랍니다.

아이고! 판사님, 죄송합니다.

그럼 다시 한 번 더 물어보겠습니다. 박쥐는 포유류인가요, 조류인가요?

저도 처음엔 박쥐가 하늘을 날기 때문에 조류라고 생각했습니다. 하지만 박쥐는 포유류가 맞습니다. 포유류와 조류를 구분할 수 있는 가장 큰 차이는 새끼를 낳느냐, 알을 낳느냐 하는 것입니다. 그러나 박쥐는 새끼를 낳습니다. 그러므로 박쥐는 포유류인 것이죠.

그럼 새끼를 낳으면 다 포유류라고 볼 수 있나요?

그럼요, 예를 들면 고래도 그렇지요. 고래는 바다 속에서 헤엄치며 생활하니 보기에는 완전히 어류 같지만, 실제로 고래는 새끼를 낳기 때문에 포유류로 구분하지요.

그럼, 박쥐는 포유류인데도 날 수 있다는 건가요?

그렇지요. 박쥐는 몸 구조가 날기에 적합하게 되어 있습니다. 뒷다리는 아주 가는데다가 나는 데 유리한 막이 붙어 있어 충분히 날 수 있답니다. 물론 박쥐가 서거나 앉거나 뛰거나 하는 건 상상조차 할 수 없습니다. 뒷다리가 너무 가늘기 때문에 무게중심이 몸 위에 있어서 박쥐는 항상 거꾸로 매달려 사는 것이죠. 그런 박쥐가 발을 밑으로 내리고 땅 위를 달리는 것은 불가능한 일입니다.

👤 박사님 말씀이 이제야 이해가 가는군요.

🙂 참, 아까 다른 변호사님이 박쥐가 동굴 속에서 산다고 말씀해 주셨는데 그 말은 맞는 말씀입니다. 그런데 어떻게 그 어두운 동굴 속에서 부딪치지 않고 잘 보고 다닐 수 있는지 의아하지 않나요?

👤 지금 그 말씀이 이 재판과 무슨 관련이 있죠?

🙂 끝까지 들어보시면 압니다. 박쥐는 여러 진동수의 초음파를 이용하여 물체로부터 반사되어 오는 초음파를 레이더 같은 귀로 수신해 사물을 인식하지요. 그러므로 박쥐는 눈으로 그것들을 보는 것이 아니라 초음파를 이용하여 사물을 인식하기 때문에 어둠 속에서도 잘 날아다닐 수 있는 것이지요.

👤 아, 그런데 그게 무슨 관련이 있다는 거죠?

🙂 실은 없어요, 허허허. 그냥 박쥐에 대해 다들 잘 모르는 것 같아 알려 주고 싶었을 뿐이죠, 허허.

👤 판사님, 그럼 이상으로 질문을 마치겠습니다. 증인의 이야기가 많은 도움이 되었습니다. 물론 엉뚱한 말씀을 하시긴 했지만……. 이제 판사님의 현명한 판결을 기대합니다.

🦁 판결은 간단합니다. 포유류와 조류의 차이는 날 수 있느냐 못하느냐가 아니라 새끼를 낳아 젖을 먹이는가 알을 낳는가로 구분됩니다. 명백히 박쥐는 새끼를 낳아 젖을 먹이므로 젖먹이 동물, 즉 포유류임이 분명합니다. 고래가 어류가 아닌 포유류로

구분되는 것과 마찬가지로, 박쥐 또한 포유류로 구분하는 것으로 이번 사건의 판결을 결론 짓겠습니다.

날짐승

새는 어떻게 하늘을 날 수 있을까요?

새가 하늘을 날 수 있는 것은 날개 때문입니다. 새의 날개는 공기의 힘을 잘 받을 수 있는 비행기의 날개처럼 되어 있지요. 또 날갯짓을 힘차게 할 수 있도록 가슴뼈가 발달해 있습니다.

또한 새의 몸은 날기에 적합한 모양을 하고 있어요. 우선 새는 머리가 작고 뼛속이 텅 비어 있어서 몸이 아주 가볍답니다. 그리고 몸 안에는 폐와 연결된 공기주머니가 있어서 더욱 가벼운 몸을 만들 수 있습니다. 그리고 새의 몸은 아주 가벼운 깃털로 덮여 있는데 이 깃털들 사이에 공기가 담길 수 있어서 하늘을 잘 날 수 있는 것이랍니다.

새의 특징

새는 이빨이 없습니다. 그 대신 몸속에 모래주머니라는 것이 있어 삼킨 먹이를 잘게 부술 수 있습니다.

그럼 새에게도 귀가 있을까요? 새들은 사람처럼 귓불이 있는 것은 아니지만 작은 소리를 들을 수 있는 귓구멍을 가지고 있답니다.

비둘기

비둘기는 몸에 비해 머리가 작고 목은 가는 편입니다. 비둘기는 우리 주변에서 쉽게 볼 수 있는 새 중 하나입니다. 비둘기의 걸음걸이를 자세히 관찰해 보면 비둘기는 걸을 때 다리를 엇갈리게 내딛으면서 걷습니다. 이것은 균형을 잡을 수 있는 손이 없기 때문에 목을 앞뒤로 흔들면서 균형을 유지하기 위한 방편이라고 할 수 있습니다.

물새

물새의 날개털은 아주 가늘고 촘촘해요. 그리고 항상 기름이 묻어 있어 물에 젖지 않지요. 그래서 물새들은 물 밖으로 나오면 날개를 툭툭 떨어 물기를 털어 버릴 수 있습니다.

만일 물새들을 비누로 목욕시킨다면 털에 있는 기름이 제거되어 물새들은 그만 물에 가라앉게 될 거예요.

두루미는 왜 한 발로 서서 잘까요?

사람은 눈을 감고 한 발로 서 있으면 넘어집니다. 그러나 두루미는 한 발로 선 채 잠을 잘 수 있어요. 어째서 그럴까요? 두루미의 몸은 대부분 깃털로 덮여 있지요. 그러나 다리에는 깃털이 나지 않아 물속에 두 다리로 서 있으면 다리로부터 열이 빠져나가 체온이 내려가게 되지요. 그래서 체온을 잃지 않기 위해 한 발로 서 있는 것입니다.

제6장

파충류에 관한 사건

이구아나의 송과줄 _ 흑, 불쌍한 이구아나
이구아나는 어떻게 낮과 밤을 구분할까요?

뱀의 피트 기관 _ 꼬리가 잘린 뱀
뱀은 어떻게 열을 감지하여 먹잇감을 찾아낼 수 있을까요?

뱀의 야곱슨 기관 _ 독사를 피하는 방법
뱀은 어떤 냄새를 싫어할까요?

흑, 불쌍한 이구아나

이구아나는 어떻게
낮과 밤을 구분할까요?

**사건
속으로**

　사조아 씨는 뱀과 같은 파충류에 관심이 많은 아마추어 파충류 수집가이다. 그래서인지 그는 뱀의 사진과 비디오 자료들을 많이 가지고 있었다. 친구들이 그의 집에 놀러 오면 그것들을 자랑 삼아 보여 주곤 했다.

　그런데 최근에 그는 남미에 사는 친구로부터 이구아나를 선물받았다. 그는 이구아나의 재롱에 흠뻑 빠져 매일 이구아나를 끼고 살다시피 했다. 그러던 어느 날, 그의 친구들이 이구아나를 구경하기 위해 그의 집을 방문했다.

"이구아나가 뭐야?"

"이 녀석, 정말 귀여운데."

"부러운걸, 매일 집에 가야 한다고 서두르는 이유를 이제야 알 것 같아."

사조아 씨는 친구들의 칭찬에 절로 기분이 좋아졌다. 친구들이 이구아나를 구경하는 동안 사조아 씨는 친구들을 위해 커피를 준비했다. 맛있게 커피를 타서 거실로 나가는데, 거실 한가운데 친구들이 동그랗게 모여 앉아 있었다. 사조아 씨는 이상한 느낌이 들었다. 분명 거실을 뛰어다니고 있어야 할 이구아나가 보이질 않았기 때문이다.

"뭐야? 무슨 일이야?"

"아니, 그게 아니라……도리대가 그냥 머리만 만졌을 뿐인데……."

"도리대, 이 녀석! 무슨 짓을 한 거야?"

"아니, 난 그냥 귀여워서 머리를 쓰다듬어 주려고……."

"오, 내 사랑 이구아나! 이게 다 너 때문이야! 너 때문이라고!"

사조아 씨는 고통스러워했다. 그는 비록 친구이지만 자신이 사랑하고 아끼던 이구아나를 죽인 도리대 씨를 생물법정에 고소하였다.

이구아나의 이마에는 낮과 밤을 구별하는 송과줄이라는 것이 있습니다.

이구아나의 머리를 만지면 정말 죽을까요?
생물법정에서 알아봅시다.

🙂 피고 측 변론하세요.

😀 그깟 뱀 비스름하게 생긴 놈 하나 죽은 걸 가지고 무슨 재판까지 하는 겁니까? 그냥 대충 끝내고 어디 가서 뱀탕이나 먹읍시다, 판사님.

🙂 정말 대단한 변호사로군! 원고 측 변론하세요.

😀 이구아나를 사랑하는 모임(이사모) 대표인 이구나 씨를 증인으로 요청합니다.

　　노란 원피스 차림의 아름다운 아가씨가 증인석에 앉았다.

😀 이구아나는 머리를 만지기만 해도 금방 죽나요? 도리대 씨의 주위에 있던 친구들 얘기로는 도리대 씨가 그리 큰 힘으로 이구아나의 머리를 누른 건 아니라고 하던데…….

😀 죽다니요? 뭐가요?

😀 지금 이 재판은 이구아나의 죽음에 대해서…….

😀 죽긴 누가 죽었다는 겁니까? 변호사님! 당장 동물

병원에 가 보세요. 이구아나가 팔팔하게 살아 있을 테니까요.

사조아 씨가 동물병원에 전화 걸었다. 이구아나는 정말 살아 있었다.

🧑 뭐야? 재판 끝났잖아? 그럼 왜 이구아나가 죽은 척한 거죠?

👩 이구아나는 사람들이 이마를 만지자 잠이 들었던 것뿐입니다.

🧑 그건 왜죠?

👩 이구아나의 이마에는 동그란 점처럼 보이는 송과줄이라는 것이 있습니다. 송과줄은 낮과 밤을 구별하는 기관이지요. 그런데 누군가 그곳을 문지르면 낮과 밤을 혼동해서 잠들게 되는 것이지요. 이때 이구아나는 아주 깊은 잠에 들어 자명종이나 폭죽 또는 풍선을 터뜨려도 깨어나지 않을 정도입니다.

🧑 변론 생략합니다.

🧑 판결합니다. 이번 사건은 이구아나의 특성도 제대로 모른 채 친구를 고소한 원고 측의 행동이 경솔했다고 생각합니다. 일단 이구아나의 죽음에 대한 사건은 이구아나가 살아 있는 것으로 판명되었으므로 더 이상 재판할 필요가 없다고 여겨집니다. 사조아 씨가 친구들에게 사과하는 것으로 재판을 마무리합니다.

꼬리가 잘린 뱀

뱀은 어떻게 열을 감지하여
먹잇감을 찾아낼 수 있을까요?

**사건
속으로**

　　과학공학국의 새로운 애완동물 열풍에 한몫을 하고 있
는 것 중 하나는 뱀이었다. 뱀의 매끈한 몸매와 과감한 성
격, 날름거리는 혀의 매력에 듬뿍 빠진 여러 동물 마니아
들은 뱀 사랑 동호회를 만들고 뱀 보호 단체를 만드는 등
다양한 활동을 하고 있었다. 그중 뱀 사랑 동호회 회원인
스네이크 씨는 원래 하던 교수직도 그만두고, 뱀을 돌볼
만큼 열렬한 뱀 사랑 회원이었다. 스네이크 씨는 자신이
키우는 뱀에게 포터라는 이름을 붙여 주고, 금이야 옥이

야 키우고 있었다. 그러던 중 뱀 사랑 회원들이 집에 놀러 왔다. 스네이크 씨는 회원들과 집에서 밥을 먹는 건 이번이 처음이라 고기도 굽고, 된장찌개도 끓여서 멋지게 대접을 했다. 회원들도 다들 좋아하며 맛있게 음식을 먹었다. 식사를 하면서도 자기 애완동물인 포터를 끊임없이 회원들에게 입이 닳도록 자랑하며 보여 주었다. 모두 포터를 예뻐하며 어루만져 주었다. 저녁을 먹고 시간이 꽤 많이 흐르자 스네이크 씨는 포터를 재워야겠다며 방으로 데리고 간 후 불을 껐다.

다음 날 아침이었다. 스네이크 씨는 일어나자마자 어김없이 자신의 뱀을 보러 갔다. 포터는 고이 잠들어 있었다.

"우리 포터, 잘도 자는구나!"

포터를 쓰다듬어 주던 스네이크 씨는 순간 깜짝 놀랐다. 포터의 꼬리가 물어뜯겨 있는 것이었다.

"이게 어찌된 일이지? 누가 우리 포터를 물어뜯은 거야? 분명 어제 뱀 사랑 회원들이 오기 전까지만 해도 아무 이상 없었는데……. 그렇다면 이건 뱀 사랑 회원 중 한 명이 우리 포터에게 고의적으로 한 일임에 틀림없어. 절대로 용서할 수 없어!"

스네이크 씨는 너무 화가 났다. 그래서 당장 뱀 사랑 회원들을 생물법정에 고소했다. 자신보다 소중히 여기는 포터를 물어뜯은 회원들을 용서할 수 없었던 것이다. 그래서 이 사건은 생물법정에서 다루어지게 되었다.

뱀의 코와 눈 사이에는 열을 감지하는 피트라는 기관이 있습니다.

생물짱 판사

생치 변호사

비오 변호사

재판을 시작합니다. 원고 측 변론하세요.

스네이크 씨의 사랑스러운 뱀 포터는 스네이크 씨가 하루 종일 그를 돌보기 위해 자신의 직업까지 포기할 정도로 애지중지하던 뱀입니다. 따로 뱀의 방까지 마련해 줄 만큼 그와 인생을 함께 하는 동반자 같은 존재가 바로 포터인 것입니다. 그런데 뱀 사랑 회원들이 다녀간 뒤에 포터가 큰 상처를 입는 일이 일어났습니다. 포터의 꼬리가 물어뜯겨 있던 것입니다. 스네이크 씨는 포터의 상처를 보고 마음이 무너지는 것 같았습니다. 그래서 그는 자신이 포터를 제대로 지켜 주지 못했다고 자책한 나머지 지금 현재 정신과 치료까지 받고 있는 중입니다. 포터의 상처는 자신이 아픈 것보다 더 참기 힘든 고통이었던 것입니다. 이에 따라, 포터에게 상처를 준 뱀 사랑 회원들에게 포터의 치료비뿐만 아니라 스네이크 씨의 정신과 치료비, 그리고 정신적 피해 보상까지 모두 청구하는 바입니다.

잘 알았습니다. 그럼 이제 피고 측 변론하세요.

🙂 이번 사건은 일단 누가 뱀을 물어뜯었느냐를 밝히는 것이 가장 중요한 문제가 될 것 같습니다. 그래서 저는 뱀 보호 단체 회장을 맡고 계신 뱀사마님을 증인으로 요청하는 바입니다.

얼굴이 곰보 자국으로 거뭇거뭇한 50대의 한 사내가 증인석에 앉았다.

🙂 뱀사마님은 뱀에 대해서 얼마나 알고 계신가요?
😀 저는 세 살 때, 한글을 채 깨치기도 전에 뱀의 종류를 줄줄 외우고 다녔고, 일곱 살 때는 산림보호청 산하 '뱀 이름 대기' 대회에서 우승을 했으며, 열다섯 살 때는 지리산에서 뱀을 연구하며 글을 쓰기도 했습니다.
🙂 그만큼 잘 알고 계신다는 얘기죠?
😀 물론이죠. 그동안 텔레비전에도 몇 번 출연했었는데 아직 못 보셨나 보죠? 텔레비전 화면에 제 얼굴이 잘 맞을 것 같아서, 방송국 측에 얼굴이 잘 나오게 촬영해 달라고 졸랐는데도 안 된다고 하더라고요.
🙂 아, 그러시군요. 그럼 몇 가지 물어보도록 하겠습니다. 스네이크 씨의 뱀 꼬리를 누군가 물어뜯어 잘려 나갔고, 원고 측에서는 회원들 중 누군가가 뱀의 꼬리를 물어뜯었다고 주장하고 있습니다. 그런데 회원들은 아무도 뱀을 물어뜯지 않았다고 주장

하고 있습니다. 어떻게 된 일일까요?

그런 문제라면 간단하죠. 아마 뱀이 자신의 꼬리를 물어뜯은 거겠죠.

지금 농담하시는 겁니까? 뱀이 자신의 꼬리를 물다니요? 뱀이 바보냐고요!

저도 궁금해서 하는 말인데, 뱀이 자신의 꼬리를 물어뜯는 것은 잠을 잘 때 불을 끄는 바람에 어두워서 아무것도 보이지 않아 그렇게 된 것일까요?

그렇지는 않습니다. 뱀은 워낙 시력이 좋지 않은 데다 눈으로 먹이를 찾지 않습니다. 대신 뱀한테는 열 감지 능력이 있어 캄캄한 곳에서도 먹이를 찾고 적을 공격할 수 있습니다.

열 감지 능력이라고요?

예전에 텔레비전에 출연해서 한번 이야기했었는데…… 다들 텔레비전 좀 보세요! 그럼, 제가 일단 간단한 실험을 하나 보여 드리죠.

지금 저곳은 무척 어두운 방입니다. 빛이 하나도 들지 않는 곳이죠. 저기 꿈틀대며 움직이고 있는 것은 방울뱀입니다. 그 문 가까이에 있는 두 장치는 뜨거운 물이 들어 있는 풍선과 차가운 물이 들어 있는 풍선이죠. 물 풍선을 모두 움직여 보도록 하죠. 방울뱀이 물 풍선을 공격하는 것 보이시죠? 하지만 자세히 보십시오. 놀랍게도 뜨거운 물 풍선만 공격하는 걸 알 수 있습니다. 따뜻한 물체에서는 열이 나오기 때문이죠. 뱀의 코와 눈 사이에는 열을 감지하는 피트라는 기관이 있지요. 이 기관에는 0.025밀리미터의 얇은 막이 있어 0.003도의 온도까지 감지할 수 있습니다.

우아! 놀랍군요. 그럼, 뱀들의 피트 기관이 모두 같은 위치에 있는 겁니까?

방울뱀과 보아뱀은 콧구멍 아래에 있고 왕뱀과 비단구렁이는 위턱 입술 부분에 여러 개의 구멍으로 되어 있지요. 이 정도면 충분한가요?

네, 그럼 마지막으로 한 가지만 더 묻도록 하죠. 그렇다면 왜 뱀이 스스로 자신의 꼬리를 물었던 것일까요?

상황을 들어 보니 뱀 사랑 회원들이 뱀을 쓰다듬은 게 어느 정도 상관이 있는 것 같습니다. 뱀을 쓰다듬으며 꼬리 쪽을 만지자, 그쪽의 온도가 올라가면서 뱀이 자신의 꼬리를 공격하여 물어뜯은 거라고 정리할 수 있겠군요.

그렇군요. 말씀 정말 감사합니다. 재판장님, 이상입니다. 제가 덧붙이지 않아도 뱀사마님께서 깔끔하게 정리를 해 주셨네요.

판결하겠습니다. 이번에 발생한 꼬리 잘린 뱀 사건은 뱀 스스로 자해 행위를 한 것으로 판명되었습니다. 그러므로 스네이크 씨는 뱀 사랑 회원들 모두에게 사과할 것을 판결합니다.

스네이크 씨는 뱀 사랑 회원들에게 진심으로 미안해했다. 뱀 사랑 회원들 역시 스네이크 씨가 정말로 뱀을 사랑해서 그랬다는 것을 알기에, 너그러이 웃으며 넘어갈 수 있었다. 그 다음 해, 뱀 사랑회 회장 출마식이 다가오자, 스네이크 씨는 더욱 바빠졌다. 뱀 사랑 회원들이 모두 스네이크 씨의 뱀에 대한 각별한 사랑을 알고, 그를 회장으로 추천한 것이었다. 스네이크 씨는 회장 출마식에서 다음과 같은 연설을 하였다.

"뱀은 우리와 하나입니다. 뱀은 곧 제 자신이나 마찬가지입니다. 뱀이 허물을 벗듯 이 시간 이후로 저 역시 허물을 벗고 새롭게 탄생하겠습니다, 감사합니다."

독사를 피하는 방법

**뱀은 어떤 냄새를
싫어할까요?**

**사건
속으로**

　과학공화국에는 관광지이자 아름답기로 유명한 은강산이 있었다. 은강산은 봄이면 화사한 꽃들로 절경을 이루었고, 여름이면 울창한 수풀 때문에 삼림욕으로 각광을 받았으며, 가을에는 붉디붉은 단풍으로, 겨울에는 새하얀 설경으로 많은 등산객들의 마음을 사로잡았다.

　최근 은강산에 케이블카가 개통되자 좀 더 편하게 정상에 올라 산의 절경을 보고 싶어 하는 사람들이 부쩍 늘었다. 이에 따라 은강산 안내를 담당하고 있는 은강산 가이드 협회에 비상이 걸렸다. 산의 이곳저곳을 안내 받으면서 산에 오르는 기쁨을 누리기보다는, 그저 편하게 케이블카를 타고 올라가 아름다운 경치를 구경하고 곧바로 케이블카를 타고 편하게 내려오는 풍토가 조성되기 시작한 것이었다.

그래서 가이드 협회에서는 좀 더 큰 팻말과, 멋진 문구들로 은강산을 찾는 산악인들의 마음을 사로잡으려고 노력했다.

'꼭대기에서 보는 울창한 절경보다, 산을 올라가며 즐기는 소소한 아름다움을 느끼자!'

'은강산 내 발로 정복하면, 인생 정복도 코앞이다.'

'자연과 친해지자! 케이블카는 사람과 자연을 가로막고 있다.'

이 같은 가이드 협회의 노력으로 인해 처음에는 무조건 편한 케이블카만 고집하던 사람들이 점차 안내를 받으며 직접 올라가는 것에 재미를 느끼기 시작했다. 그러나 다시 가이드 협회에 위기가 닥쳤다. 가이드를 하던 우드가 사람들을 데리고 은강산을 올라가다가 독사를 만난 것이었다. 갑작스런 독사의 출현에 우드는 깜짝 놀랐다. 그래서 어찌할 바 모르고 안절부절못하다가 관광객 중 일부가 독사에 물려 크게 다친 것이었다. 산에 오를 때 만날지도 모르는 독사에 대해 아무 대책도 준비하지 않은 무책임한 가이드 협회에 격분한 사람들은 결국 가이드 협회를 고소하기에 이르렀다. 이 분쟁은 쉽게 해결이 나지 않아 생물법정에까지 오게 되었다.

뱀은 외부에서 일어나는 화학적 변화를 감지하는 야곱슨 기관을 가지고 있습니다.

독사를 피하는 방법은 없을까요?
생물법정에서 알아봅시다.

생물짱 판사

생치 변호사

비오 변호사

🙂 재판을 시작합니다. 피고 측 변론하세요.

😮 산에 뱀이 있는 것은 당연합니다. 뱀을 만날 수도 있지요. 그런데 그런 사소한 일로 고소라니요? 누가 죽기라도 했습니까? 그저 뱀에게 물렸을 뿐입니다. 분명 충분한 치료비를 가이드 협회에서 제시했지만, 관광객들은 거절했습니다. 그렇다면 대체 어떻게 하란 말입니까? 가이드의 역할은 산을 잘 안내해 주면 되는 것이지, 산속에 살고 있는 뱀들로 하여금 나타나지 않도록 막는 사람들이 아니란 말입니다. 산에 오르는 사람들을 위해 뱀을 모두 없앨 수는 없는 일 아닙니까?

🙂 좋습니다. 원고 측 변론하세요.

😮 저희가 문제 삼는 것은 뱀을 없애 달라는 것이 아닙니다. 은강산 가이드 협회가 미리 뱀이 나타나는 위험한 상황에 대비해서 충분한 준비를 했는가 하는 것입니다.

😮 독사 스스로 기어 나오는데 대체 무슨 대책이 있단 말입니까?

🧒 18년간 산지기를 해 오신 호랑이 할아버지를 증인으로 요청하는 바입니다.

콧수염이 양쪽으로 멋지게 뻗어 있는 호랑이 할아버지가 성큼성큼 걸어 들어왔다.

🧒 호랑이 할아버지, 산지기는 무슨 일을 합니까?
👨 나무를 함부로 꺾는다든지 쓰레기를 몰래 산에 버린다든지 하는 것들을 감시할 뿐만 아니라, 길 잃은 초보 등산객들을 도와주곤 하지.
🧒 그럼, 뱀을 만난 적도 있으시겠네요?
👨 물론이지. 뱀을 만나면 한 손으로 뱀 목 부분을 잡고 비틀어 꺾으면 끝이야. 100마리는 넘게 만나 보았을 걸세. 이제 내가 누군지 알겠는가? 뱀들도 내 앞에는 얼씬도 하지 않지.
🧒 혹시 독사도 만나 보셨나요?
👨 독사? 그 녀석은 좀 힘든 놈이지. 나도 잘 어쩌지 못해 휘발유를 늘 조그만 병에 넣어 가지고 다니지.
🧒 네? 휘발유를요?
👨 암, 뱀은 휘발유 냄새를 너무나 싫어한다고. 뱀한테는 야곱슨 기관이라는 게 있어. 이건 외부에서 일어나는 화학적 변화를 감지하는 녀석이지. 특히 휘발유처럼 자극성이 강한 냄새를 뱀이

맡게 되면 먼저 피하게 되어 있지.

🧑 아, 그렇군요. 독사에 대한 충분한 대비가 될 수 있겠군요.

🧔 물론이지, 자네는 나와 말이 좀 통하는구먼.

🧑 판사님, 뱀한테는 이러한 특성이 있습니다. 이런 특성을 가이드 협회에서 조금만 미리 공부해서 알았더라면 과연 관광객들에게 독사를 만나 다치는 일이 발생했을까요? 이번 사건은 명백히 관광객 안전사고에 대한 대비가 부족했던 가이드 협회의 책임으로 보입니다. 독사에 대한 가이드 협회의 준비가 부족해서 일어난 사건이므로 가이드 협회에서는 관광객들에게 진심 어린 사과와 함께 피해 보상비를 지급해야 한다고 주장하는 바입니다.

🧑 원고 측 의견에 전적으로 동의합니다. 어떤 여행이든 안전에 대한 책임은 가이드 협회 측에 있다는 것이 일반 법정의 판례임에 비추어, 이번 사건도 뱀이 나타났을 때 뱀의 공격으로부터 관광객을 막을 수 있는 간단한 방법이 있음에도 불구하고 안전사고에 대한 대비를 게을리한 가이드 협회에 책임이 있다고 판결합니다.

뱀과 개구리

뱀

뱀은 눈과 귀가 그리 좋지 않습니다. 하지만 야콥슨 기관이라는 것이 있어 뱀은 먹이를 잘 잡아먹을 수 있지요. 뱀이 혀를 날름거리는 것은 공기 중에 떠도는 냄새를 맡기 위해서입니다. 야콥슨 기관은 뱀의 입속에 있는데 이것은 공기 중의 냄새를 맡는 기능을 가지고 있습니다.

뱀은 사냥감을 물고 있을 때 어디로 숨을 쉴까요? 뱀이 숨 쉴 수 있는 관은 아래턱 쪽에 위치해 있어 먹이를 입으로 물고 있어도 편안히 숨을 쉴 수가 있답니다.

그렇다면 어디가 뱀의 배이고 어디가 꼬리일까요? 그건 간단히 구별할 수 있습니다. 비늘의 개수를 헤아리면 되니까요. 뱀의 배는 비늘이 한 장씩이지만 꼬리는 비늘이 두 장씩이므로 이를 통해 판별할 수 있습니다.

뱀은 어떻게 소리를 들을까요?

뱀은 귓바퀴가 없습니다. 그리고 귓구멍도 열려 있지 않습니다. 겉으로 보기에 뱀의 귀가 없는 것처럼 보이지만 뱀의 턱

근처에 귀의 역할을 하는 장치가 붙어 있습니다. 그리고 뱀은 공기를 통해 소리를 듣지 않습니다. 그보다는 땅을 통해 전달되는 진동이 턱의 뼈를 진동시키므로 소리를 감지합니다.

모든 뱀이 독을 가지고 있나요?

뱀은 다리가 없는 파충류입니다. 또한 뱀의 종류는 2,500여 종이고 이중 600여 종만이 독을 가지고 있습니다. 그중에서 사람의 목숨을 빼앗을 수 있는 강한 독을 가지고 있는 것은 150여 종뿐입니다.

뱀의 이빨은 입 안에 접혀 있다가 먹이를 무는 순간 튀어나옵니다. 이빨은 속이 빈 바늘처럼 생겼으며, 무는 순간 독이 나와 다른 동물에게 들어갑니다.

뱀 중에서 사하라 사막에 사는 검은 맘바라는 뱀은 말처럼 빠르게 움직이지요. 또한 대부분의 뱀은 알을 낳지만 살모사와 바다뱀처럼 새끼를 낳는 뱀들도 있습니다.

개구리는 왜 비 오는 날 울까요?

개구리는 올챙이 시절에는 물고기처럼 아가미로 숨을 쉬다
가 개구리가 되어 땅으로 오르게 되면 폐로 숨을 쉽니다. 그
런데 개구리의 폐 기능은 다른 동물들에 비해 매우 약합니다.
다른 짐승처럼 폐를 부풀려 공기를 빨아들일 수 없기 때문에
목을 부풀리기도 하고 움츠리기도 하면서 공기를 폐로 보내
게 됩니다.

개구리의 목이 계속 움직이는 것은 바로 그 때문입니다.

개구리는 이렇게 폐호흡만으로는 충분한 공기를 들이마실 수 없기 때문에 피부로 숨을 쉬어 보충해야 합니다. 물론 사람도 피부 호흡을 하지만 개구리는 사람보다 훨씬 더 많은 양의 공기를 피부로 호흡함으로써 몸속으로 산소를 보낼 수 있습니다.

개구리의 피부는 항상 젖어 있는데 그것은 공기 중의 산소를 받아들이기 쉽게 하기 위해서입니다. 그러므로 개구리는 낮보다는 밤이, 맑은 날보다는 비 오는 날을 좋아합니다. 숨쉬기가 편하니까요. 그래서 개구리는 밤과 비 오는 날에 유난히 많이 우는 것입니다.

생물과 친해지세요

이 책을 쓰면서 조금 고민이 되었습니다. 과연 누구를 위해 이 책을 쓸 것인지 난감했거든요. 처음에는 대학생과 성인을 대상으로 쓰려고 했습니다. 그러다 생각을 바꾸었습니다. 생물과 관련된 생활 속의 사건이 초등학생과 중학생에게도 흥미 있을 거라는 생각에서였지요.

초등학생과 중학생은 앞으로 우리나라가 21세기 선진국으로 발전하기 위해 필요로 하는 과학 꿈나무들입니다. 우리가 살고 있는 지구는 기후 온난화 문제, 소행성 문제, 오존층 문제 등 많은 문제를 지니고 있습니다. 하지만 지금의 생물 교육은 논리보다는 단순히 기계적으로 공식을 외워 문제를 푸는 것에 의존하고 있습니다. 과연 우리나라에서 베게너 같은 위대한 생물학자가 나올 수 있을까 하는 의문이 들 정도로 심각한 상황에 놓여 있습니다.

저는 부족하지만 생활 속의 생물을 학생 여러분들의 눈높이에 맞추고 싶었습니다. 생물은 먼 곳에 있는 것이 아니라 우리 주변에 있다는 것을 알리고 싶었습니다. 생물 공부는 우리 주변의 관찰에서 시작됩니다. 올바른 관찰은 우리가 생물의 문제를 정확하게 해결할 수 있도록 도와줄 수 있기 때문입니다.